AI 시대의 질적 연구

AI문고

인공지능 시대입니다. 기계가 인간의 인지를 대신하고, 사물이 인간을 통하지 않고 다른 사물과 직접 커뮤니케이션합니다. 이에 따른 인간 삶과 문명 변화를 정확히 이해·예측·대응하는 것은 이 시대 우리 모두의 과제입니다. AI문고는 인공지능 기술과 환경의 여러 주제를 10가지 키워드로 정리합니다. 관련 개념과 이론, 학계와 산업계의 쟁점, 우리 일상의 변화를 다룹니다. 인간과 기술의 현재, 미래를 세심히 분석합니다.

일러두기

- 인명, 작품명, 저서명, 개념어 등은 한글과 함께 괄호 안에 해당 국가의 원어를 병기했습니다.
- 외래어 표기는 현행 어문규정의 외래어표기법을 따랐습니다.
- 이 책은 인하대학교 연구비 지원을 받아 출판했습니다.

처음이세요?
전문가세요?

지금, 큐알 찍으면
AI 입문서 바로 선물
당신만의 필독서 추천
500권 요약본 공짜
오디오북 무료 사용

AI 시대의 질적 연구

김영순

ㅋ

대한민국, 서울, 커뮤니케이션북스, 2026

AI 시대의 질적 연구

지은이 김영순
펴낸이 박영률

초판 1쇄 펴낸날 2026년 3월 6일

커뮤니케이션북스(주)
출판 등록 2007년 8월 17일 제313-2007-000166호
02880 서울시 성북구 성북로 5-11
전화(02) 7474 001, 팩스(02) 736 5047
commbooks@commbooks.com
www.commbooks.com

ISBN 979-11-430-2080-2 03500

책값은 뒤표지에 표시되어 있습니다.

차례

AI 시대, 질적 연구 방법의 재구성

어떤 마을 한가운데 오래된 나무가 있었다. 사람들은 그 나무 아래 모여 이야기를 나누고, 기억을 전하고, 규범을 공유했다. 이 마을에서 지식은 말과 기억을 통해 전승되었고, 진실은 연장자의 증언과 마을 공동체의 합의 속에서 형성되었다. 그런데 어느 날, 누군가 이야기를 돌에 새기기 시작하면서 상황은 달라졌다. 기억은 더 이상 사람의 몸에만 머물지 않았고, 기록은 증언보다 오래 남았다. 이 순간, 사람들은 '누가 말했는가?'가 아니라 '무엇이 기록되었는가?'같은 질문을 던지기 시작했다. 이 짧은 우화는 인쇄술, 사진, 인터넷, 그리고 오늘날의 인공지능에 이르기까지 매체 변화가 인간과 사회를 어떻게 재구성해 왔는지를 상징적으로 보여 준다. 중요한 점은 이러한 매체 변화가 단지 문화적 표현 방식의 변화에 그치지 않고, 사회과학이 세계를 이해하고 연구하는 방법 자체를 근본적으로 바꾸어 왔다는 사실이다.

인쇄술의 등장은 사회과학적 사유의 첫 번째 거대한 전환점이었다. 활판 인쇄는 지식을 표준화하고 복제할 수 있게 만들었으며, 사회를 비교 · 분류 · 체계화할 수 있다는 인식을 확산시켰다. 통계, 설문, 인구조사와 같은 양적 연구 방법은 인쇄된 표와 숫자를 통해 사회에 대해 '보는' 방식을 가능하게 했다. 사회는 더 이상 이야기의 집합이 아니라 측정 가능한 대상으로 전환되었다. 이 시기에 사회과학의 질문은 '사람들은 무엇을 말하는가?'에서 '얼마나 많은가' 혹은 '얼마나 자주 발생하는가?'로 이동했다.

사진과 영상 매체의 등장은 또 다른 변화를 가져왔다. 사진은 현실을 있는 그대로 포착하는 것처럼 보였고, 연구자는 현장에 직접 가지 않아도 타인의 삶을 관찰할 수 있다고 믿게 되었다. 예컨대 초기 민속지 연구에서 사진은 문화의 '증거'로 활용되었고, 연구자는 관찰자의 위치에서 사회를 기록하는 존재로 자리했다. 그러나 곧 사진이 결코 중립적이지 않으며, 사진을 찍는 각도와 선택이 해석을 규정한다는 사실이 드러났다. 이는 질적 연구, 특히 참여 관찰과 해석적 접근의 확산으로 이어지며, 사회과학 연구자는 객관적 기록자가 아니라 관계 속에 개입한 해석자로 재인식되었다.

인터넷과 디지털 매체는 연구 방법론을 다시 한번 혁신시켰다. 사회는 더 이상 특정 장소에 고정된 대상이 아니라, 네트워크를 통해 생성되고 확산되는 흐름으로 이해되기 시작했다. 온라인 게시글, 댓글, 로그 데이터는 인간의 행위를 실시간으로 축적했고, 빅데이터 분석과 계량적 사회과학은 사회를 거대한 패턴의 집합으로 읽어냈다. 동시에 디지털 민족지, 온라인 인터뷰, 플랫폼 연구와 같은 새로운 질적 연구 방법들이 등장하며, 연구자는 물리적 현장뿐 아니라 알고리즘이 매개한 공간에서도 연구를 수행하게 되었다.

그리고 지금, 생성형 AI의 등장은 또 하나의 사회과학 방법론의 변곡점을 예고하고 있다. AI는 단순히 데이터를 처리하는 도구를 넘어, 요약하고 분류하며 의미를 제안하는 존재로 연구 과정에 개입한다. 이는 사회과학 연구자에게 새로운 질문을 던진다. '누가 해석하고 있는가?', '판단은 어디에서 이루어지는가?', '연구자의 역할은 무엇으로 재정의되어야 하는가?'

과거 인쇄술이 측정을 가능하게 했고, 사진이 관찰을 확장했으며, 인터넷이 연결과 패턴을 가시화했다면, AI는 이제 해석의 과정 자체를 외재화한다. 이러한 흐름 속에서 분명한 사실은 하나다. 매체의 변화는 인간과 사회를 바꾸는 동시에 사회과학이 던지는 질문의 형식과 연구 방법론의 전제를 끊임없이 재구성해 왔다.

연구 방법은 결코 중립적인 기술이 아니며, 언제나 특정한 매체 환경 속에서 가능해진 사유의 산물이다. 따라서 AI 시대의 사회과학은 새로운 도구로서 AI를 단순히 '활용'하는 데서 멈출 수 없다. 우리는 다시 한번 묻지 않을 수 없다. 매체로서 AI는 사회를 어떻게 보이게 만들고, 무엇을 보이지 않게 하는가. 그리고 그 속에서 연구자는 어떤 위치에 서 있는가. 이 질문에서부터 인간-AI 협업 질적 연구의 방법론적 논의는 시작된다.

질문과 책임의 학문으로서 질적 연구

질적 연구는 언제나 질문의 학문이었다. '무엇을 연구할 것인가'보다는 '어떻게 이해할 것인가'를 먼저 묻는 학문이었다. 양적 연구에 비해 자료보다 관계를, 결과보다 해석의 과정을 중시해 왔다. 이러한 질적 연구의 전통 속에서 최근 생성형 AI의 등장은 단순히 새로운 연구 도구 하나를 추가한 것이 아니라 질적 연구가 스스로에게 던져 온 근본적인 질문들을 다시 호출하게 한다. '해석은 누구의 몫인가', '연구자의 역할은 어디까지인가', 그리고 '연구 결과에 대한 책임은 어떻게 귀속되는가' 등의 질문들이다.

최근 몇 년 사이, 질적 연구의 현장에는 AI를 기반으로

한 분석 도구가 빠르게 확산되었다. 방대한 인터뷰 전사 자료를 요약하고, 반복되는 표현을 식별하며, 주제 후보를 제안하는 일은 더 이상 인간 연구자만의 작업이 아니다. 이러한 변화는 연구의 효율성과 접근성을 크게 확장하는 동시에, 질적 연구의 정체성을 둘러싼 불안을 낳고 있다. 그 이유는 오랫동안 질적 연구는 연구자 스스로가 주요 연구 도구라고 믿었기 때문이다(김영순 외, 2018). 그런데 최근 질적 연구 학계에서는 AI가 분석에 개입하는 순간, '해석은 자동화되는가?', '연구자의 전문성은 약화되는가?'라는 논의가 제기되었다. 나아가 '질적 연구는 그 핵심을 상실하는가?'와 같은 연구 방법의 본질을 건드리는 일련의 '불안한' 질문에 대한 답을 찾고 있다.

이 책은 이러한 불안에 단순한 찬성 혹은 반대의 입장을 취하지 않는다. 대신 본서는 AI의 등장을 질적 연구의 위기가 아니라 질적 연구 방법론을 다시 사유할 계기로 받아들여야 함을 강조한다. AI를 '쓸 것인가 말 것인가'의 문제가 아니라 AI와 함께 연구할 때 '우리는 무엇을 설명해야 하는가'라는 방법론적 질문으로 전환하고자 한다. 본서의 핵심 문제의식은 바로 여기에 있다. AI를 활용한 질적 연구가 합리적이고 정당한 연구가 되기 위해서는, 기술 사용 자체가 아니라 협업의 구조와 해석의 책임이 설명 가능해야 한다는 점이다.

이런 문제의식을 토대로 이 책은 두 편의 연구를 출발점으로 삼는다. 하나는 질적 연구물의 연구 방법 영역을 중심으로 인간-AI 협업 과정을 체계적으로 분석한 문헌 사례 연구(황윤아 · 김영순, 2025)이며, 다른 하나는 실제 연구 설계와 실천 맥락에서 AI 협업을 적용 · 검토한 경험적 연구(박종도 외, 2025)다. 이 두 연구는 공통적으로 AI를 질적 연구의 외부 도구가 아니라 연구 과정에 실질적으로 개입하는 공동 존재로 다루면서도, 해석의 최종 책임을 인간 연구자에게 귀속시켜야 한다는 문제의식을 공유한다. 이 책은 이러한 문제의식을 이론적 논의에 머무르지 않고, 질적 연구 방법론의 언어로 확장하는 것을 목표로 한다.

이를 위해 이 책은 인간-AI 협업을 단일한 방식으로 규정하지 않는다. 대신 협업의 양상을 병렬 분석과 삼각검증, 보조와 확장, 공동 해석과 생성이라는 여러 유형으로 구분하고, 각각의 유형이 어떤 연구 목적과 맥락에서 정당화될 수 있는지를 검토한다. 이는 AI 활용의 정도를 서열화하기 위함이 아니라 연구자의 연구 유형 선택을 설명 가능하게 만들기 위한 분류다. 질적 연구에서 중요한 것은 연구자들이 '얼마나 AI를 썼는가'가 아니라 '왜 그 방식의 협업을 선택했는가'이기 때문이다.

또한 이 책은 연구 방법 서술의 문제를 핵심 주제로 다룬다. 최근에 많은 질적 연구물에서 AI 활용을 언급한다. 그런데 연구 방법을 다룬 장에서 한두 문장으로 처리되거나 부차적인 기술을 위한 설명문 정도로 축소되어 기술한다. 필자의 입장에서 보자면, AI가 분석 과정에 개입했을 경우 반드시 그 사실을 연구 방법 파트에서 기술해야 한다고 본다. 그 이유는 연구 참여자들에게 AI 사용 여부 고지를 포함하여 연구의 신뢰성, 타당성, 윤리와 직결되기 때문이다. 이런 맥락에서 이 책은 인간-AI 협업 질적 연구에서 연구 유형별 연구 방법 장을 어떻게 써야 하는지를 제시하고, 구체적인 서술 예시를 제시한다. 이는 연구자에게 부담을 주기 위한 요구가 아니라, 연구 결과를 보호하고 연구자의 윤리를 정립하기 위한 방법론적 장치다.

이 책의 독자는 질적 연구를 수행하는 연구자와 대학원생이다. 특히 질적 연구를 가르치거나 배우는 과정에서 AI 활용을 어떻게 설명해야 할지 고민하는 이들에게 하나의 공통 언어를 제공하고자 한다. 이 책은 기술 매뉴얼이 아니며 특정 도구의 사용법을 안내하지도 않는다. 대신 인간-AI 협업 질적 연구를 둘러싼 개념, 유형, 설계,

서술, 평가, 윤리를 하나의 연속된 방법론적 논의로 제시한다.

끝으로, 이 책은 하나의 결론을 제시하기보다 인간-AI 협업에서의 '진지한' 연구자의 태도를 제안한다. AI와 함께 연구할 수는 있지만, 해석의 책임을 내려놓을 수는 없다는 태도를 견지한다. 질적 연구에서 인간-AI 협업의 지속성 여부는 테크놀로지에 대한 낙관이나 거부가 아니라, 연구자가 자신의 AI 선택을 얼마나 성찰적으로 설명할 수 있는가에 달려 있다. 이 책이 그러한 성찰을 가능하게 하는 하나의 출발점이 되기를 기대한다.

질적 연구는 무엇을 연구하는가

사회문화 현상을 연구하는 사회과학의 연구 방법론은 크게 양적 연구 방법과 질적 연구 방법으로 구분한다. 우선 양적 연구는 수치적 데이터와 통계적 분석을 통해 연구 질문에 대한 답을 찾는 방법이다. 이는 대규모 데이터 세트를 활용해 다양한 변수 간의 관계를 분석하고, 이를 통해 일반화된 결론을 도출하는 데 중점을 둔다. 예를 들어, 설문조사나 실험을 통해 얻은 데이터를 분석하여 특정 현상의 원인과 결과를 파악할 수 있다.

이에 반해 질적 연구는 흔히 개인의 경험이나 인식의

의미를 심층적으로 탐구하는 방법이다. 그러나 이러한 정의는 질적 연구의 인식론적 핵심을 충분히 설명하지 못한다. 질적 연구의 궁극적인 목적은 고정된 경험이나 사실에 대한 분석이 아니라, 어떻게 의미가 생성되고 해석되는지를 밝히는 데 있다. 질적 연구에서 연구자가 연구 참여자를 면담하거나 관찰하여 얻어내는 인터뷰 전사문, 관찰 기록, 문서 자료는 연구의 최종 대상이 아니라 의미에 접근하기 위한 매개물일 뿐이다(김영순 외, 2018).

이러한 관점에서 질적 연구는 단순한 자료 분석 기법의 집합이 아니라 의미 구성의 사회적, 관계적 조건을 탐구하는 사회과학 영역의 정통적인 연구 전통으로 이해되어야 한다(Denzin & Lincoln, 2018). 의미는 연구 참여자의 발화 속에 완성된 형태로 존재하지 않으며, 연구자의 질문, 이론적 관점, 분석 맥락 속에서 구성된다. 따라서 질적 연구의 분석 단위는 개별 발화나 분절된 텍스트 조각이 아니라 자료-연구자-이론-맥락이 상호작용하는 전체 과정이다.

이 점에서 질적 연구는 '무엇을 측정하는가'보다 '어떻게 이해하는가'를 중심 질문으로 삼는다. 이해는 중립적 행위가 아니며 항상 특정한 관점과 전제를 함유한다. 이를 질적 연구 과정의 '패러다임 정립'으로 일컫는다. 질적 연구는 이러한 전제를 숨기기보다 드러내고 성찰하는 방식을 택해 왔다. 질적 연구의 인식론은 크게 세 가지 핵심 개념으로 구성된다. 즉 해석(interpretation), 맥락(context), 책임(responsibility)이 바로 그것이다. 이 세 개념은 질적 연구를 단순한 자료 수집 기법이 아니라 특정한 지식관과 연구 윤리를 전제한 학문적 실천으로 규정한다.

첫째, 해석은 질적 연구의 출발점이자 불가피한 조건이다. 질적 연구는 사회적 현실을 있는 그대로 반영하거나 객관적으로 재현할 수 있다고 주장하지 않는다. 연구 참여자의 경험, 발화, 행위는 그 자체로 연구 결과가 되지 않으며, 언제나 연구자의 해석을 통해 학문적 의미를 부여받는다. 예컨대 결혼 이주 여성이 "아이 학교에 가는 게 늘 부담스럽다"고 말했을 때, 이 발화는 단순한 개인적 불안의 표현일 수도 있고, 언어 장벽과 제도적 차별이 중첩된 경험의 표지일 수도 있다. 어떤 의미로 구성될지는 연구자의 해석적 선택에 달려 있다. 따라서 질적 연구에서 문제는 해석이 개입하는가 여부가 아니라 어떤 해석이 왜 정당한가라는 질문이다. 해석은 피해야 할 오류가 아니라 설명되어야 할 연구 행위이며, 질적 연구의 타당성은 바로 이 해석의 근거와 논리에서 확보된다.

둘째, 맥락은 질적 연구의 과정에서 해석을 가능하게 하는 핵심 조건이다. 질적 연구는 의미를 개인의 내면적 심리 상태로 환원하지 않고, 사회적, 문화적, 역사적 조건 속에서 이해한다. 동일한 문장이라도 그것이 발화된 맥락에 따라 전혀 다른 의미를 갖게 된다. 예를 들어 "나는 조용히 사는 게 좋다"라는 발화는 중산층 노년 남성의 생활 태도를 의미할 수도 있지만, 이주 여성이 차별 경험 이후 선택한 전략적 침묵을 의미할 수도 있다. 이때 발화의 의미는 개인의 성격이 아니라 제도적 환경, 권력 관계, 문화적 규범 속에서 구성된다. 크레스웰과 포스(Creswell & Poth, 2018)가 강조하듯, 질적 연구에서 맥락은 분석을 복잡하게 만드는 부차적 요소가 아니라 분석이 성립하기 위한 전제조건이다. 맥락을 제거한 해석은 간결해질 수는 있지만, 그만큼 의미를 왜곡할 위험을 내포한다.

셋째, 책임은 질적 연구를 윤리적 실천으로 만드는 핵심 개념이다. 질적 연구자는 자신의 해석이 참여자의 삶을 어떻게 재현하는지를 성찰해야 하며, 어떤 목소리를 중심에 두고 어떤 경험을 주변화하는지를 끊임없이 점검해야 한다. 예컨대 연구자가 참여자의 반복되는 실패 경험을 '의존성'이라는 범주로 묶을 경우, 이는 개인의 무능을 강조하는 서사로 읽힐 수 있다. 반대로 동일한 자료를 '제도적 배제 속에서의 생존 전략'으로 해석할 경우, 책임의 방향은 사회 구조로 이동하게 된다. 이처럼 해석은 단순한 학문적 선택이 아니라 윤리적 효과를 동반하는 행위다.

링컨과 구바(Lincoln & Guba, 1985)가 지적하듯, 질적 연구의 윤리는 연구 설계 이후에 부가되는 규범이나 심의 절차에 국한되지 않는다. 윤리는 해석 그 자체에 내재해 있으며, 질적 연구자가 자신의 해석 권한을 어떻게 행사하는가에 달려 있다. 이를테면, 질적 연구의 인식론은 해석의 불가피성을 인정하고, 맥락 속에서 의미를 구성하며, 그 과정에 대한 책임을 연구자에게 귀속시키는 체계라고 할 수 있다. 질적 연구의 세 가지 핵심 개념인 해석, 맥락, 책임은 분리된 원칙이 아니라 상호의존적인 조건으로 작동하며, 질적 연구가 단순히 학문적 레시피라기보다는 성찰적이고 윤리적인 지식 생산 방식임을 규정한다.

참고문헌

김영순 외(2018). 《질적 연구의 즐거움》. 창지사.

박종도 외(2025). “질적 연구에서 자료처리 과정의 인간-AI 협업 경험에 관한 질적 사례연구”. 《다문화와 교육》, 10(4), 27~51쪽.

황윤아·김영순(2025). “인문사회과학 분야의 AI활용 질적 연구에 대한 질적메타분석: 해외연구를 중심으로”. 《인문사회과학연구》, 26(4), 295~332쪽.

Creswell, J. W. & Poth, C. N.(2018). *Qualitative inquiry and research design: Choosing among five approaches (4th ed.).* Sage.

Denzin, N. K. & Lincoln, Y. S.(2018). *The SAGE handbook of qualitative research (5th ed.).* Sage.

Lincoln, Y. S. & Guba, E. G.(1985). *Naturalistic inquiry.* Sage.

01
질적 연구에서 연구자의 위치성

이 장에서는 연구자의 위치성을 개관한다. 질적 연구는 연구 참여자의 삶과 경험을 재현하고, 때로는 사회적 약자나 소수자의 목소리를 공적 담론으로 끌어올리는 역할을 한다. 따라서 연구자의 위치성으로 인한 은폐된 해석은, 의도하지 않더라도 특정 집단을 고정된 이미지로 재현하거나, 문제의 책임을 개인에게 귀속시키는 방식으로 작동할 수 있다.

기후 위기와 인공지능?

중립성 신화의 해체

질적 연구는 연구자의 중립성을 전제하지 않는다. 이는 질적 연구가 과학성을 포기한다는 의미가 아니라 연구자의 시선과 판단이 언제나 연구 과정에 개입한다는 사실을 말해 준다. 이는 연구자의 상호 주관성을 이론적 출발점으로 인정한다는 뜻이다. 연구자의 배경, 경험, 학문적 훈련, 이론적 관심, 그리고 사회적 위치는 연구 주제의 선택에서부터 질문의 구성, 자료 해석과 결과 서술에 이르기까지 전 과정에 영향을 미친다. 이러한 연구자-연구의 관계를 설명하는 핵심 개념은 연구자의 위치성(positionality)이라고 볼 수 있다.

위치성은 흔히 성별, 계급, 연령, 인종, 국적과 같은 사회적 속성으로만 이해되기 쉽지만 그 범위는 훨씬 넓다. 예컨대 동일한 학교 현장을 연구하더라도, 교사 경험이 있는 연구자와 교육 사회학을 전공한 연구자는 전혀 다른 질문을 던질 가능성이 크다. 전자는 수업 운영과 교사의 실천적 딜레마에 주목할 수 있고, 후자는 제도와 권력, 불평등 구조에 더 민감할 수 있다. 또한 연구자가 비판 이론, 현상학, 내러티브 접근 중 어떤 이론적 틀을 선택하는지에 따라 동일한 인터뷰 자료도 '저항의 서사', '경험의 본질', 혹은 '정체성 구성의 이야기' 등으로 다르게 해석된다. 이처럼 위치성은 개인의 사회적 정체성뿐 아니라 연구자가 어떤 학문적 언어와 관점으로 세계를 바라보는지까지 포함하는 복합적 개념이다.

중요한 점은 이러한 위치성이 질적 연구의 결함이나 오류의 원인이 아니라는 사실이다. 오히려 질적 연구는 연구자의 위치성을 제거하거나 최소화하려 하지 않고 드러내려고 한다. 문제는 연구자가 특정한 위치에 서 있는가가 아니라 어떻게 그 위치를 성찰하고 독자에게 설명하는가에 있다. 예를 들어, 결혼 이주 여성의 자립 경험을 연구하는 연구자가 다문화 정책을 설계해 온 정책 전문가라면, 그는 참여자의 경험을 제도 개선의 관점에서 읽을 가능성이 높다. 이때 자신의 정책적 관점과 문제의식이 해석에 어떻게 영향을 미쳤는지를 밝히지 않는다면, 연구 결과는 중립적인 사실처럼 제시되지만 실제로는 특정한 관점이 은폐된 채 작동하게 된다(김영순 외, 2023).

연구자의 위치성이 드러나지 않을수록, 해석은 오히려 더 강력한 권위를 획득한다. 해석이 '연구자의 해석'이 아니라 '사실 그 자체'로 제시될 때, 독자는 그 해석을 비판하거나 대안적으로 읽을 근거를 상실하게 된다. 이는 질적 연구에서 위험한 상황을 연출시킬 수 있다. 왜냐

하면 질적 연구는 연구 참여자의 삶과 경험을 재현하고, 때로는 사회적 약자나 소수자의 목소리를 공적 담론으로 끌어올리는 역할을 하기 때문이다. 연구자 위치성으로 인한 은폐된 해석은, 의도하지 않더라도 특정 집단을 고정된 이미지로 재현하거나 문제의 책임을 개인에게 귀속시키는 방식으로 작동할 수 있다.

이러한 이유로 질적 연구는 연구자에게 높은 수준의 자기 성찰(reflexivity)을 요구한다. 그래서 질적 연구 수행 과정에서 수퍼바이저는 수련생들에게 한 단위의 연구나 강의 수강 후에 성찰 일지 작성을 요구하거나 자문화기술지 집필을 의무화하기도 한다. 이런 과정은 성찰 역량을 지닌 질적 연구자를 양성하기 위한 노력으로 이해된다.

연구자는 자료를 해석하는 동시에, 자신의 해석 행위 자체를 메타적으로 성찰해야 한다. 예컨대 '내가 이 발화를 문제로 인식한 이유는 무엇인가', '이 경험을 구조적 문제로 읽도록 만든 나의 이론적 전제는 무엇인가', '다른 위치에 있는 연구자라면 이 자료를 어떻게 다르게 해석할 수 있을까'와 같은 질문들이 이에 해당한다. 이러한 성찰은 연구자의 확신을 약화시키기 위한 것이 아니라, 해석을 설명 가능하고 비판 가능한 지식으로 만들기 위한 조건이다.

핀레이(Finlay, 2002)가 지적하듯, 이 점에서 질적 연구는 단순히 타인의 경험을 연구하는 접근이 아니라, 연구자 자신을 포함하는 반성적 연구 전통에 속한다. 연구자는 결코 연구의 바깥에 서 있는 관찰자가 아니며, 연구 과정의 일부로서 끊임없이 자신을 점검해야 한다. 질적 연구의 엄밀성은 연구자의 위치성이 제거되었을 때가 아니라, 그 위치성이 성찰되고 서술될 때 비로소 확보된다. 따라서 위치성은 극복해야 할 장애물이 아니라 질적 연구가 스스로의 학문적 정당성을 확보하는 핵심 자원이라고 할 수 있다.

에믹 vs. 에틱 관점

연구자의 위치성 논의는 질적 연구에서 자주 언급되는 에믹(emic) 관점과 에틱(etic) 관점의 구분으로 확장될 수 있다. 에믹과 에틱은 단순한 분석 기법의 차이가 아니라 연구자가 어디에서, 어떤 언어로, 누구의 의미를 중심에 두고 해석하는가를 보여 주는 인식론적 관점의 문제다(김영순, 2022).

먼저 에믹 관점은 연구 참여자의 내부 시각에서 의미를 이해하려는 접근이다. 에믹 관점에서 연구자는 참여자가 사용하는 언어, 개념, 범주, 해석 틀을 최대한 존중하며, 그들이 세계를 이해하는 방식 속으로 들어가고자 한다. 예컨대 결혼 이주 여성이 "나는 그냥 참고 산다"고 발화했다고 가정하자. 에믹 관점의 연구자는 이 발화를 곧바로 '수동성'이나 '의존성'으로 해석하지 않는다. 대신 "참고 산다"는 표현이 연구 참여자에게 어떤 삶의 전략이며, 어떤 감정과 판단을 포함하고 있는지를 해당자의 맥락과 언어 안에서 이해하려 한다. 이때 연구자의 과제는 설명하는 것이 아니라 경청하고 번역하는 것에 가깝다.

그러나 질적 연구가 에믹 관점에만 머무를 수는 없다. 참여자의 언어와 의미를 그대로 재현하는 것만으로는, 그 경험이 놓여 있는 사회적 구조나 권력 관계를 충분히 설명하기 어렵기 때문이다. 여기서 등장하는 것이 에틱 관점이다. 에틱 관점은 연구자가 선택한 이론적 개념과 분석 틀을 통해 자료를 해석하는 외부적 시각을 의미한다. 동일한 '참고 산다'는 발화를 에틱 관점에서 보면, 이는 이주 여성에게 요구되는 성별화된 돌봄 규범, 이주 정책의 제약, 노동시장 접근의 한계 속에서 형성된 적응 전략으로 읽힐 수 있다. 에틱 관점은 개별 경험을 사회적 구조와 연결시키는 분석적인 힘을 제공한다.

주목할 점은 에믹과 에틱이 대립적인 선택이 아니라는 사실이다. 질적 연구의 해석은 언제나 이 두 관점 사이의 긴장과 교차 속에서 이루어진다. 에믹 관점에만 머물 때 연구는 참여자의 경험을 존중하는 서술에 그칠 위험이 있다. 한편 에틱 관점이 과도해질 경우 연구자는 자신의 이론적 언어를 참여자의 삶 위에 덧씌우는 폭력을 행사할 수 있다. 따라서 질적 연구자는 어느 한 관점을 선택하는 것이 아니라 언제, 어떤 분석 단계에서, 어떤 관점을 사용하고 있는지를 자각하고 설명하는 것이다.

이 지점에서 연구자의 위치성은 다시 한번 중요해진다. 연구자가 어떤 이론을 선택하고, 어떤 사회 문제에 민감한지는 에틱 관점의 구성에 직접적인 영향을 미친다. 동시에 연구자가 연구 참여자와 얼마나 가까운 위치에 있는지, 어떤 경험을 공유하고 있는지는 에믹 관점의 깊이와 방향을 좌우한다. 예컨대 연구자가 동일한 이주 경험을 가진 내부자일 경우, 에믹 관점은 풍부해질 수 있다. 하지만 특정 경험을 '당연한 것'으로 간주해 문제화하지 못할 위험도 존재한다. 반대로 외부자 연구자는 구조적 문제를 날카롭게 포착할 수 있지만, 참여자의 언어와 정서를 충분히 이해하지 못할 수 있다(김영순 외, 2018).

따라서 질적 연구에서 에믹과 에틱의 균형은 자동적으로 주어지지 않는다. 그것은 연구자가 성찰적 판단을 통해 끊임없이 조정해야 하는 방법론적 선택의 문제다. 연구자는 '지금 이 해석은 누구의 언어에 더 가까운가', '이 개념은 참여자의 경험을 설명하는가, 아니면 가려버리는가'라는 질문을 스스로에게 던져야 한다. 이러한 질문은 해석을 약화시키는 것이 아니라 해석을 윤리적으로 정당화하는 과정이다.

결국 질적 연구는 참여자의 내부 세계를 존중하는 에믹 관점과 그 세계를 사회적, 이론적 맥락 속에 위치시키는 에틱 관점이 반성적으로 결합될 때 가장 설득력 있는 지식 생산에 도달한다. 그리고 이 결합의 질은 연구자의 위치성 인식과 자기 성찰의 깊이에 달려 있다. 이 점에서 질적 연구는 언제나 '무엇을 발견했는가'보다 '어떤 위치에서, 어떤 관점으로, 어떻게 해석했는가'를 묻는 학문적 실천이라고 할 수 있다.

참고문헌

김영순(2022). 《질적 연구와 문화기술지의 이해》. 패러다임북.

김영순 외(2018). 《질적 연구의 즐거움》. 창지사.

김영순 외(2023). 《이야기의 사회과학: 생애사와 내러티브 연구》. 패러다임북.

Finlay, L.(2002). Negotiating the swamp: The opportunity and challenge of reflexivity in research practice. *Qualitative Research, 2*(2), pp.209~230.

02
질적 연구자의 책임과 역할

이 장에서는 질적 연구의 책임과 역할을 탐색한다. 인간-AI 협업 질적 연구에서 연구자의 역할은 더 이상 자료를 읽고 의미를 부여하는 해석자에 머무르지 않는다. 오히려 연구자는 해석이 발생하는 조건과 경로를 조직하는 해석 과정의 설계자로 재정의된다. 이는 AI가 질적 자료의 요약, 범주화, 패턴 제안 등 해석에 준하는 작업을 수행할 수 있게 되면서, 연구자의 핵심 역할은 '무엇을 해석하느냐'보다 '어떤 방식의 해석이 가능하도록 연구 과정을 구성했느냐'가 중요해졌다.

노래하는 AI 보컬?

방법론적 책임의 차이: Big Q와 small q

질적 연구 방법론은 종종 Big Q와 small q라는 구분을 통해 설명된다. 이 구분은 단순한 용어상의 차이가 아니라 연구자가 질적 연구를 어떤 수준에서 이해하고 수행하는가를 드러내는 인식론적 지표에 가깝다. 다시 말해, Big Q와 small q의 차이는 질적 연구에서 무엇을 질문하는가 뿐만 아니라, 연구자가 자신의 해석과 판단에 대해 어디까지 책임을 질 것인가와 직접적으로 연결된다.

먼저 Big Q는 질적 연구를 하나의 독립된 인식론적 탐구로 이해하며, 의미와 경험이 연구 맥락 속에서 구성된다는 전제하에 해석과 성찰을 연구의 핵심으로 삼는다. 이 관점에서 질적 연구는 단순히 숫자로 측정하기 어려운 현상을 보완적으로 설명하는 기법이 아니라 사회적 현실이 어떻게 의미화되고, 어떤 권력 관계 속에서 구성되는지를 탐구하는 지식 생산 방식이다. 이런 Big Q는 해석, 권력(power), 윤리, 관계성을 핵심 문제로 삼는다.

예컨대 학교 부적응 청소년을 연구하는 경우, Big Q 관점의 연구자는 단순히 학생들의 '적응 수준'을 파악하는 데 그치지 않고, 학교 제도와 규범이 특정 학생 집단을 어떻게 주변화하는지, 연구자가 그 현실을 어떤 언어로 재현하고 있는지를 함께 성찰한다. 이때 연구자는 자신의 해석이 연구 대상에게 어떤 효과를 미치는지까지 책임의 범위에 포함시킨다. 따라서 Big Q 질적 연구에서 연구자는 중립적 관찰자라기보다 해석의 행위자로 자리한다(황윤아 · 김영순, 2025).

반면 small q는 질적 기법을 다양한 연구 방법 중 하나로 활용하는 접근이다. 인터뷰, 개방형 설문, 자유응답 문항 등을 사용하지만, 연구의 인식론적 전제가 반드시 질적 패러다임에 기반할 필요는 없다. 예를 들어 대규모 설문조사 연구에서 일부 개방형 문항을 포함하여 응답자의 의견을 보조적으로 분석하는 경우, 이는 전형적인 small q 질적 연구에 해당한다. 이러한 연구에서는 인터뷰 발화가 주로 범주화되거나 빈도 분석의 보조 자료로 사용되며, 연구의 핵심 논리는 여전히 변수 간 관계나 일반화 가능성에 놓일 수 있다(Braun & Clarke, 2021). 이 접근이 잘못되었다고 말할 수는 없지만, 연구자는 해석의 윤리나 권력 문제를 반드시 전면에 두지 않을 수도 있다.

중요한 점은 Big Q와 small q의 구분이 질적 연구의 수준을 서열화하기 위한 기준이 아니라는 사실이다. 이 구분은 어떤 접근이 더 '좋다'거나 더 '엄밀하다'를 가리기보다는 연구자가 감수해야 하는 방법론적 책임의 범위를 드러낸다. Big Q 질적 연구에서는 연구자의 해석,

위치성, 윤리적 책임이 연구의 핵심 구성 요소가 되지만, small q 질적 연구에서는 이러한 논의가 상대적으로 축소되거나 암묵적으로 처리될 수 있다. 문제는 연구자가 실제로는 Big Q에 가까운 해석을 수행하면서도, 이를 small q의 기술적 언어로 포장하는 경우에 발생한다.

이 지점에서 인간-AI 협업 질적 연구의 등장은 Big Q 대 small q 구분을 더욱 중요하게 만든다. AI를 질적 분석에 활용하는 순간, 연구자는 더 이상 해석의 주체와 책임 문제를 회피하기 어렵다. 예컨대 AI를 활용해 인터뷰 전사 자료를 자동 코딩하고, 생성된 범주를 연구 결과로 제시하는 경우를 생각해 보자. 만약 연구자가 이를 단순한 분석 효율화 도구로만 설명한다면, 이는 small q의 논리로 Big Q 수준의 해석을 수행하는 셈이 된다. AI가 생성한 코드와 범주는 결코 중립적 결과물이 아니며, 어떤 발화를 묶고 어떤 의미를 강조할지는 해석의 문제이기 때문이다.

따라서 인간-AI 협업 질적 연구에서 연구자는 'AI를 사용했다'는 사실보다 'AI가 해석 과정에서 어디에 위치하는가', 그리고 '그 결과에 대한 책임이 누구에게 귀속되는지'를 명확히 해야 한다. 이러한 질문은 기술적 설명만으로는 충분히 답할 수 없으며, 필연적으로 Big Q 질적 연구가 제기해 온 인식론적 질문, 즉 해석의 정당성, 권력 효과, 윤리적 책임으로 이어진다. 다시 말해, 인간-AI 협업 질적 연구는 연구자를 Big Q 질적 연구의 문제의식으로 다시 불러들이는 계기로 작동한다(황윤아 · 김영순, 2025).

결국 Big Q와 small q의 구분은 AI 시대에 더욱 실천적인 의미를 갖는다. 질적 연구자는 질적 기법을 '사용하고 있는지'가 아니라, 질적 연구의 인식론적 책임을 어디까지 감당하고 있는지를 스스로에게 물어야 한다. 인간-AI 협업은 이 질문을 회피하게 만들기보다 오히려 더 분명하게 드러내는 장치라고 할 수 있다.

연구자의 역할 재정의: 해석자에서 설계자로

질적 연구는 결코 매체 테크놀로지과 분리된 학문이 아니었다. 녹음기, 전사 소프트웨어, 질적 분석 프로그램은 모두 질적 연구의 실천 방식을 변화시켜 왔다. 그러나 이러한 기술적 매체들은 대체로 연구자의 해석을 위한 보조 도구로 이해되었다. 테크놀로지는 분석을 빠르게 만들었지만, 해석의 주체를 대체해 오지는 않았다.

생성형 AI의 등장은 이 관계를 질적으로 변화시킨다. AI는 단순한 정리 도구를 넘어, 언어적 산출을 생성하고,

주제와 개념을 제안하며, 이론적 연결까지 수행한다. 이는 기술이 더 이상 해석의 주변에 머무르지 않고, 해석의 과정에 직접 개입하고 있음을 의미한다. 이러한 변화는 질적 연구자에게 새로운 질문을 제기한다. 'AI는 해석의 기여자가 될 수 있는가?', '된다면 그 범위와 한계는 어디까지인가?' 이러한 질문에 응답하지 않은 채 AI를 사용하는 것은 질적 연구의 핵심 전제를 암묵적으로 훼손할 위험을 내포한다.

AI 이전에도 질적 연구 영역에 자동화가 실제로 존재했다. 그러나 이전의 자동화는 주로 계산과 정리의 역할을 담당한 자동화였다. 반면 생성형 AI는 분석은 물론 의미 생성의 자동화 가능성을 제시한다. 이는 질적 연구의 존재론적 기반, 즉 '의미는 어디에서 오는가'라는 질문을 다시 제기한다. AI 이후 질적 연구에서 달라진 것은 해석의 필요성이 아니라 해석을 둘러싼 조건이다. 연구자는 이제 자신의 해석이 인간의 판단인지, AI의 제안인지, 혹은 그 상호작용의 산물인지를 구분하고 설명해야 한다. 이는 질적 연구의 부담을 증가시키는 동시에, 연구의 투명성을 강화하는 새로운 기준을 만들어 낸다(김영순 외, 2025).

인간-AI 협업 질적 연구에서 연구자의 역할은 더 이상 자료를 읽고 의미를 부여하는 해석자(interpreter)에 머물지 않는다. 오히려 연구자는 해석이 발생하는 조건과 경로를 조직하는 해석 과정의 설계자로 재정의된다. 이는 AI가 질적 자료의 요약, 범주화, 패턴 제안 등 해석에 준하는 작업을 수행할 수 있게 되면서, 연구자의 핵심 역할이 '무엇을 해석하느냐'보다 '어떤 방식의 해석이 가능하도록 연구 과정을 구성하느냐'로 이동했기 때문이다.

구체적으로 인간-AI 협업 질적 연구에서 연구자는 '어느 연구 단계에서 AI를 개입시킬 것인지', 'AI에게 어떤 범위와 형태의 자료를 제공할 것인지', 'AI가 생성한 산출물 중 무엇을 분석에 포함하고 무엇을 배제할 것인지'를 지속적으로 결정한다. 예를 들어, 대학생의 AI 활용 경험에 대한 심층 인터뷰 연구에서 연구자는 AI에게 전체 전사 자료를 일괄 입력할 수도 있고, 연구 문제와 관련된 특정 부분만을 선별해 제공할 수도 있다. 또한 AI에게 '중립적 주제 요약'을 요청할 것인지, 아니면 '권력 관계나 감정 표현에 주목한 해석'을 요구할 것인지에 따라 전혀 다른 분석 결과가 생성된다. 이때 연구자의 선택은 단순한 기술적 옵션 선택이 아니라, 연구가 어떤 인식론적 지평에서 수행되는지를 규정하는 방법론적 판단이다(김영순 외, 2025).

이러한 설계적 역할은 AI가 제안한 결과를 어떻게 다룰 것인가의 문제에서도 분명히 드러난다. 예컨대 AI가 인터뷰 자료를 분석하여 '학습 효율성', '정서적 의존', '윤리적 불안'과 같은 주제를 제안했다고 가정하자. 연구자는 이를 그대로 채택할 수도 있고, 해당 범주가 연구 참여자의 경험을 과도하게 추상화하거나 연구자의 이론적 관점과 충돌한다고 판단해 수정 · 재구성할 수도 있다(박종도 외, 2025). 중요한 점은 이 선택이 결과의 편의성이나 AI의 신뢰도에 의해 결정되는 것이 아니라 연구 목적, 이론적 렌즈, 분석 단위에 대한 연구자의 숙고를 통해 이루어진다는 점이다.

따라서 인간-AI 협업 질적 연구에서 연구자의 전문성은 더 이상 특정 도구를 얼마나 능숙하게 다루는가라는 기술 숙련도로 평가되지 않는다. 대신 핵심 평가 지점은 연구자가 자신의 판단을 얼마나 정교하게 설명하고, 그 선택의 방법론적 근거를 연구의 언어로 제시할 수 있는가에 놓인다. 연구자는 AI의 분석 결과를 무비판적으로 수용하는 '자동화된 해석자'가 되어서도 안 되며, 반대로 기술적 불안이나 통제 욕구 때문에 AI의 가능성을 전면적으로 차단하는 '방어적 관리자'에 머물러서도 안 된다.

오히려 연구자는 AI의 제안을 하나의 해석 자원으로

위치시키고, 그 채택 · 변형 · 배제의 과정을 명시적으로 드러내야 한다. 예를 들어 '이 연구에서는 1차 개방 코딩 단계에서만 AI를 활용하였으며, 축 코딩과 주제 통합 단계에서는 연구자의 해석을 중심으로 재구성하였다'라는 문장을 기술할 수 있다. 또한 'AI가 제안한 범주 중 연구 참여자의 맥락적 의미를 충분히 반영하지 못한 범주는 분석에서 제외하였다'와 같은 방식으로 자신의 선택을 투명하게 제시할 수 있어야 한다. 이러한 설명 가능성은 인간-AI 협업 질적 연구에서 연구자가 구성한 해석의 책임을 보존하는 핵심 조건이 된다(정정훈 외, 2026).

결국 인간-AI 협업 질적 연구에서 연구자는 해석의 주체성을 AI에게 이양하는 존재가 아니라 해석이 발생하는 구조를 설계하고 그 결과에 대해 책임을 지는 존재다. 이때 연구자의 역할 재정의는 인간의 해석 권한을 방어하기 위한 후퇴가 아니라, 인간-AI 협업이라는 새로운 지식 생산 환경에서 질적 연구의 방법론적 정합성과 윤리성을 유지하기 위한 적극적인 전문성의 확장으로 이해되어야 한다.

참고문헌

김영순 외(2025). "질적 연구물 연구 방법 영역의 인간-AI 협업 과정에 관한 문헌사례연구". 《다문화와 교육》, 10(4), 1~25쪽.
박종도 외(2025). "질적 연구에서 자료처리 과정의 인간-AI 협업 경험에 관한 질적 사례연구". 《다문화와 교육》, 10(4), 27~51쪽.
정정훈 외(2026). "질적 연구 전사자료 코딩에서 인간-AI 협업 과정 탐색: 결혼이주여성 자립 경험 전사자료 사례를 중심으로". 《문화교류와 다문화교육》, 15(1), 29~57쪽.
황윤아·김영순(2025). "인문사회과학 분야의 AI활용 질적 연구에 대한 질적메타분석: 해외연구를 중심으로". 《인문사회과학연구》, 26(4), 295~332쪽.
Braun, V. & Clarke, V.(2021). *Thematic analysis: A practical guide.* Sage.

03
코딩, 범주화, 해석과 AI의 만남

이 장에서는 질적 연구의 핵심 개념으로서 코딩, 범주화, 해석이 인간-AI 협업 질적 연구에서 어떻게 변화했느냐에 주목한다. AI가 코딩, 범주화, 해석 능력을 가지고 있음에도 불구하고 AI는 자신이 생성한 해석에 대해 책임을 지는 주체가 아니라는 점이다. AI는 왜 특정 해석을 선택했는지, 다른 해석 가능성을 왜 배제했는지를 설명할 수 없으며, 그 선택에 따른 윤리적 · 학문적 결과를 감당하지도 않는다. 결국 인간 연구자에게 책임이 귀속되어 있다는 점을 강조한다.

인공지능과 편향?

코딩(coding): 분류 기술에서 해석적 판단으로

질적 연구는 특정 연구 기법의 집합이 아니라 세계를 이해하는 하나의 인식론적 전통이다. 이 전통은 코딩, 범주화, 주제화, 해석, 맥락, 성찰과 같은 핵심 개념들을 통해 유지되어 왔다. 이 개념들은 단순한 자료 분석 절차의 명칭이 아니라 질적 연구가 의미를 생산하고 정당화하는 방식 자체를 구성한다(김영순 외, 2018).

생성형 AI의 등장은 바로 이 지점에서 질적 연구를 향해 근본적인 질문을 던진다. AI는 코딩을 수행하고, 주제를 제안하며, 해석 문장을 생성할 수 있다. 그렇다면 코딩을 포함한 질적 연구의 핵심 개념들은 여전히 인간 연구자에게 고유한 것인가, 아니면 기술적으로 대체가 능한 절차로 전락하는가. 이 장의 목적은 이 질문에 대한 답을 내놓는 것이 아니라, 각 개념이 전제해 온 인식론적 조건을 해체하고 재구성하는 데 있다.

코딩은 질적 연구에서 가장 널리 사용되는 분석 개념이지만, 동시에 가장 기술적으로 오해되는 개념이기도 하다. 살다나(Saldaña, 2016)는 코딩을 '자료에 의미를 부여하는 분석적 연결 행위'로 정의하며, 코딩이 단순한 분절이나 라벨링이 아님을 강조한다. 코딩은 '이 발화가 무엇에 관한 것인가'라는 질문에 대한 해석적 판단이다.

질적 연구에서 코딩은 연구 질문, 이론적 틀, 연구자의 감수성과 깊이 상관한다. 동일한 발화라도 연구 목적에 따라 '정체성', '권력', '적응', '저항'이라는 전혀 다른 코드로 명명될 수 있다. 이 점에서 코딩은 자동화 이전에 관점의 문제다.

생성형 AI는 이 영역에서 양가적 역할을 수행한다. 한편으로 AI는 대규모 텍스트에서 반복되는 표현과 의미적 유사성을 신속하게 식별함으로써, 초기 코드 후보를 풍부하게 제시할 수 있다. 그러나 다른 한편으로 AI의 코딩은 언어 패턴의 통계적 유사성에 기반할 뿐, 왜 그 의미가 중요한지에 대한 판단을 포함하지 않는다. 이 차이를 인식하지 못할 경우, 코딩은 해석적 판단이 아니라 기술적 분류로 축소될 위험이 있다.

범주화: 질서의 발견인가, 구성인가

질적 연구에서 범주화(categorization)는 일반적으로 코딩 이후에 수행되는 분석 단계로 이해된다. 이 단계에서 인간 연구자는 다수의 개별 코드를 상위 수준의 범주로 묶어, 자료 전반을 조직하는 분석적 틀을 형성하는 과업을 수행한다. 범주화는 종종 자료 속에 이미 존재하는 질서나 구조를 '발견'하는 과정처럼 설명되지만, 질적 연구의 인식론적 관점에서 범주는 자연적으로 주어져 있는 대상이 아니다. 오히려 범주는 연구자가 어떤 차이를 의미 있는 것으로 간주하고, 어떤 관계를 중심축으로 설정하는가에 따라 구성되는 분석의 산물이다.

이 점은 범주화가 단순한 요약이나 정리 작업이 아님을 시사한다. 동일한 코드 집합이라 하더라도 연구 목적과 이론적 렌즈에 따라 전혀 다른 범주 구조가 형성될 수 있다. 예를 들어, 대학생의 AI 활용 경험을 분석하는 연구에서 '불안', '의존', '편의성', '통제 상실'이라는 코드들이 도출되었다고 가정해 보자. 이를 기술을 수용하는 연구 관점에서 분석할 경우, 이 코드는 'AI 활용의 인식 요인'이라는 범주로 묶일 수 있다. 반면 비판 교육학의 관점에서는 동일한 코드들이 '학습 주체성의 위기' 혹은 '기술 권력과 감정의 재구성'이라는 범주로 재구성될 수 있다. 이 사례는 범주가 자료에서 자동으로 떠오르는 것이 아니라, 연구자의 이론적 선택과 문제 설정에 의해 조직화 된다는 점을 보여 준다.

스트라우스와 코빈(Strauss & Corbin, 1998)은 범주화를 단순한 코드 통합이 아니라 개념적 밀도를 높이는 이론적 작업으로 설명한다. 이들에게 범주는 여러 코드가 수렴하는 '이름'이 아니라 조건, 맥락, 상호작용, 결과를 연결하는 분석적 중심축이다. 따라서 범주화는 자료를 축소하는 과정이 아니라 오히려 의미의 위계를 설정하고, 어떤 현상이 연구에서 핵심적인 설명 단위가 될지를 결정하는 행위에 가깝다. 이 과정에서 연구자는 어떤 코드를 중심 범주로 둘 것인지, 어떤 코드는 주변화할 것인지를 판단하며, 이는 연구자가 분석의 책임 권한을 지니며, 분석이 직접적으로 개입되는 지점이다(황윤아 · 김영순, 2025).

생성형 AI는 이러한 범주화 단계에서도 강력한 도구로 활용될 수 있다. AI는 코드 간 의미적 유사성을 계산하고, 반복되는 표현이나 공통 맥락을 기준으로 군집화를 수행함으로써 범주 후보를 제시할 수 있다. 예컨대 수백 개의 코드 중에서 감정 관련 코드, 관계 관련 코드, 제도 관련 코드를 자동으로 묶어 제안하는 기능은 연구자의 초기 분석의 시간적 부담을 크게 줄여준다. 이러한 기능은 탐색적 분석 단계에서 범주의 가능성을 넓히는 데 유용하다.

그러나 AI의 범주화는 본질적으로 의미의 위계 설정이 아니라 유사성 계산의 결과에 가깝다. AI가 제안하는 범주는 통계적으로 가까운 코드들의 집합이지, 왜 그 집합이 이 연구에서 중심적인 설명 단위가 되어야 하는지에 대한 이론적 판단을 포함하지 않는다. 만약 연구자가 이러한 차이를 인식하지 못한 채, AI가 제시한 범주 구조를 '자료가 스스로 드러낸 질서'로 오인할 경우, 범주화에 수반되는 해석적, 이론적 책임은 흐려질 수밖에 없다.

결국 인간-AI 협업 질적 연구에서 범주화의 핵심 쟁점은 범주를 누가 '만들었는가'가 아니라 그 범주가 어떤 인식론적 선택과 분석적 판단 위에서 구성되었는가를 '어떻게 설명할 것인가'에 있다(김영순 외, 2025). 범주화는 여전히 연구자의 해석 행위이며, AI는 그 가능성을 확장하는 보조적 자원일 뿐이다. 이 점을 명확히 하지 않는다면, 범주화는 질적 연구의 이론적 핵심을 잃고 기술적 절차로 환원될 위험을 안게 된다.

해석(interpretation): 설명 책임의 문제

질적 연구에서 해석은 분석의 마지막 단계에 덧붙여지는 요약이나 논의가 아니다. 해석은 연구 질문의 설정에서부터 자료 수집, 코딩, 범주화, 주제화에 이르기까지 연구 전 과정에 스며들어 있는 방법론적 원리다. 이러한 관점에서 해석은 단순히 자료에 의미를 '부여하는' 행위가 아니라 의미가 어떤 사회적, 역사적, 이론적 맥락 속에서 이해되어야 하는지를 설명하는 작업이다. 덴진

(Denzin, 1978)이 해석을 단순한 의미 부여가 아니라 설명 행위로 규정한 이유도 여기에 있다.

이때 중요한 점은 해석이 언제나 선택과 배제를 포함한다는 사실이다. 연구자는 다양한 독해 가능성 중에서 특정 해석을 채택하고, 동시에 다른 해석 가능성을 배제한다. 예를 들어, 한 고등학생이 인터뷰에서 "AI가 답을 알려주면 공부를 덜 해도 되는 것 같아 편리하다"고 말했을 때, 이 발화를 '학습 효율성에 대한 긍정적 인식'으로 해석할 수도 있고 '학습 주체성의 약화'나 '의존성의 형성'으로 해석할 수도 있다. 이 중 어떤 해석이 채택되는지는 연구자의 이론적 관점, 연구 목적, 그리고 해당 발화를 둘러싼 맥락적 이해에 따라 달라진다. 바로 이 지점에서 해석은 필연적으로 책임을 수반하는 판단이 된다.

질적 연구에서 해석의 책임성이란, 연구자가 자신의 해석을 설명 가능한 선택으로 제시할 수 있는 능력을 의미한다. 즉, '왜 이 해석이 가능한가', '어떤 자료와 이론적 근거에 의해 이 해석이 정당화되는가', '어떤 다른 해석 가능성을 검토했으며 왜 그것을 채택하지 않았는가'를 연구 방법의 언어로 밝힐 수 있어야 한다. 이러한 설명 가능성은 해석의 객관성을 보장하기 위한 것이 아니라 해석이 자의적 독해로 전락하지 않도록 하는 질적 연구의 핵심 윤리이자 방법론적 규율이다(박종도 외, 2025).

생성형 AI는 바로 이 해석의 영역에서 질적 연구에 새로운 긴장을 만들어 낸다. 오늘날 AI는 분석 결과를 바탕으로 이론적 개념을 연결하고, 연구 결과를 논의하는 정교한 해석 문장을 생성할 수 있다. 때로는 이러한 문장이 인간 연구자가 작성한 것보다 더 매끄럽고 설득력 있게 보이기도 한다. 예컨대 AI는 '학습 주체성', '기술 권력', '정동의 재구성'과 같은 개념을 연결하여, 연구 결과를 비판적 담론의 언어로도 재구성할 수 있다.

그러나 이러한 능력에도 불구하고 AI는 자신이 생성한 해석에 대해 책임을 지는 주체가 아니라는 점이다. AI는 왜 특정 해석을 선택했는지, 다른 해석 가능성을 왜 배제했는지를 설명할 수 없으며, 그 선택에 따른 윤리적, 학문적 결과의 책임을 감당하지도 않는다. 예를 들어 AI가 학생의 발화를 '기술 의존성의 심화'로 해석했을 때, 그 해석이 참여자의 경험을 왜곡하거나 낙인화할 위험이 있는지에 대한 성찰은 AI의 연산 범주에 포함되지 않는다. 이 점에서 AI의 해석은 판단의 결과처럼 보일 수는 있으나 판단 그 자체는 아니다.

바로 이 이유로 AI의 해석은 질적 연구에서 말하는 해석과 본질적으로 구분된다. 질적 연구에서 해석은 세련된 결과 문장이나 개념적 연결망이 아니라 설명 가능한 판단의 과정이다. 연구자가 자료와 이론 사이를 어떻게 오가며 해석을 구성했는지, 어떤 근거로 특정 독해를 정당화했는지가 드러나지 않는 해석은, 아무리 정교한 언어를 갖추었더라도 질적 연구의 해석으로 인정되기 어렵다.

인간-AI 협업 질적 연구에서 해석의 쟁점은 AI가 해석을 '할 수 있는가'가 아니라 해석의 책임을 '누가 지는가', 그리고 그 책임이 연구 과정에서 '어떻게 가시화되는가'에 있다. 연구자가 AI의 해석 제안을 활용하되, 그 선택의 근거와 배제의 이유를 명시적으로 서술할 때에만, AI는 해석의 대체자가 아니라 인간 연구자의 해석을 촉발하는 도구로 위치 지워질 수 있다. 결국 질적 연구에서 해석이란, 의미를 말하는 능력이 아니라 그 의미에 대해 책임 있게 설명할 수 있는 능력이다. 이 책임은 여전히 인간 연구자에게 귀속된다.

참고문헌

김영순 외(2018). 《질적 연구의 즐거움》. 창지사.
김영순 외(2025). "질적 연구물 연구 방법 영역의 인간-AI 협업 과정에 관한 문헌사례연구". 《다문화와 교육》, 10(4), 1~25쪽.

박종도 외(2025). "질적 연구에서 자료처리 과정의 인간-AI 협업 경험에 관한 질적 사례연구". 《다문화와 교육》, 10(4), 27~51쪽.

황윤아·김영순(2025). "인문사회과학 분야의 AI활용 질적 연구에 대한 질적메타분석: 해외연구를 중심으로". 《인문사회과학연구》, 26(4), 295~332쪽.

Denzin, N. K.(1978). *The research act: A theoretical introduction to sociological methods*. McGraw-Hill.

Saldaña, J.(2016). *The coding manual for qualitative researchers (3rd ed.)*. Sage.

Strauss, A. & Corbin, J.(1998). Basics of qualitative research: Techniques and procedures for developing grounded theory (2nd ed.). Sage.

04
질적 연구에서 AI의 취약성

이 장은 인간–AI 협업 질적 연구 수행에서 AI의 취약성을 탐구한다. 연구자가 현장 경험, 반성적 메모, 이론적 감수성을 통해 맥락을 구성하고 설명하지 않는다면, AI가 아무리 정교한 분석 결과를 제시하더라도 그 연구는 질적 연구의 핵심을 상실하게 된다. 또한 AI 활용으로 연구자의 성찰 능력이 불필요하거나 약화될 수 있는 측면이 있지만, 성찰 역량은 인간–AI 협업 질적 연구의 엄밀성을 강화시킬 수 있다.

청각장애인과 AI?

맥락(context): AI가 가장 취약한 영역

질적 연구는 흔히 '맥락의 학문'으로 불린다. 이는 질적 연구가 연구 참여자의 개별 발화나 행위를 고립된 정보로 취급하지 않고, 그것이 발생한 제도적, 관계적, 역사적 조건 속에서 의미를 이해하려는 학문적 전통이기 때문이다(김영순 외, 2018). 질적 연구의 영역에서 의미는 언어적 발화의 표면적 내용에 의해 결정되지 않는다. 동일한 문장이라 하더라도 누가, 누구에게, 어떤 상황에서, 어떤 관계 속에서 말했는지에 따라 전혀 다른 의미가 있게 된다. 이러한 이유로 크레스웰과 포스(Creswell & Poth, 2018)는 질적 연구에서 맥락을 단순한 배경 정보가 아니라 의미를 구성하는 조건으로 규정하였다. 아울러 맥락이 제거된 해석은 질적 연구로 성립할 수 없다고 강조했다.

맥락의 중요성은 구체적인 사례를 통해 더욱 분명해진다. 예를 들어 한 교사가 인터뷰에서 "요즘 아이들은 AI 없이는 공부를 못 해요"라고 말했다면, 이 발화는 표면적으로는 AI 기술 의존에 대한 비판처럼 읽힐 수 있다. 그러나 이 발화가 성과 중심의 학교 평가 체계 속에서 과도한 행정 업무와 수업 부담을 겪는 교사에 의해 학교 현장의 통제 불가능성을 토로하는 맥락에서 나왔다고 가정해 보자. 그렇다면 그 의미는 단순한 기술 비판이 아니라 교육 제도의 압박에 대한 체념과 무력감의 표현으로 해석될 수 있다. 이처럼 발화의 의미는 내용 그 자체보다 그것이 발화된 맥락과 결코 분리될 수 없다.

질적 연구에서 맥락은 단일한 차원으로 구성되는 것이 아니라 여러 층위로 구성된다. 개인의 생애사적 맥락, 연구 참여자 간의 관계적 맥락, 조직이나 제도의 규범, 사회적 담론과 역사적 조건이 중첩되며 의미를 형성한다. 예컨대 결혼 이주 여성이 "이제는 혼자서도 잘 살 수 있을 것 같아요"라고 말했을 때, 이 발화는 자립의 선언으로 읽힐 수도 있지만, 가정 해체 이후 생존을 강요받는 사회적 조건과 복지 제도의 공백 속에서 나온 말이라면, 이는 자율성의 표현이자 동시에 구조적 고립의 증거로 해석될 수 있다. 이러한 다층적 맥락을 고려하지 않는 해석은 참여자의 경험을 단순화하거나 왜곡할 위험을 내포한다(김영순 외, 2018).

생성형 AI는 이 지점에서 구조적 한계를 드러낸다. AI는 방대한 텍스트를 학습하여 일반화된 언어 패턴과 통계적 연관성을 포착하는 데에는 매우 강하다. 그러나 특정 연구 맥락에서만 의미를 갖는 미묘한 차이를 이해하는 데에는 본질적인 제약이 있다. 인터뷰 중의 침묵, 잠시 멈춘 뒤의 발화, 웃음 섞인 농담, 목소리의 떨림이나 감정의 억양과 같은 비언어적 요소들은 대개 전사 과정에서 소실되거나 데이터로 명시되지 않는다. 설령 메모나 괄호 설명으로 기록된다 하더라도, 연구 현장에서 체험된 의미의 밀도가 온전히 전달되기는 어렵다(박종도 외, 2025).

예를 들어 한 대학생이 "AI가 숙제를 도와줘서 다행이죠"라고 웃으면서 말했다고 하자. 이 웃음이 자조인지, 불안의 표현인지, 혹은 상황을 가볍게 넘기려는 전략인지는 인터뷰 현장의 분위기와 연구자-참여자 간의 관계를 경험한 연구자만이 판단할 수 있다. AI는 이러한 발화를 텍스트 차원에서 '긍정적 평가'나 '편의성 인식'으로 분류할 수는 있지만, 그 웃음이 갖는 정서적, 관계적 의미까지 해석하기는 어렵다. 이 차이를 인식하지 못할 경우, 맥락은 제거되고 발화는 탈맥락화된 데이터로 환원된다.

이러한 이유로 질적 연구에서 맥락화는 AI에게 위임될 수 없는 핵심 영역으로 남는다. AI는 연구자가 제공한 맥락 정보를 정리하거나 요약하는 데에는 도움을 줄 수 있지만, 어떤 맥락이 의미 형성에 결정적인가를 판단하는 역할은 수행하지 못한다. 맥락을 이해한다는 것은 단순히 정보를 많이 갖는 것이 아니라 그 정보가 연구 참여자의 삶과 어떤 관계를 맺고 있는지를 해석하는 능력을 요구하기 때문이다.

결국 인간-AI 협업 질적 연구에서 맥락은 기술적 효율성이 가장 낮은 영역이지만, 동시에 질적 연구의 정체성이 가장 선명하게 드러나는 지점이다. 연구자가 현장 경험, 반성적 메모, 이론적 감수성을 통해 맥락을 구성하고 설명하지 않는다면, AI가 아무리 정교한 분석 결과를 제시하더라도 그 연구는 질적 연구의 핵심을 상실하게 된다(정정훈 외, 2026). 이 점에서 맥락은 AI 시대에 더욱 강조되어야 할 인간 연구자의 고유 영역이며, 질적 연구가 여전히 인간의 판단과 책임에 기반한 학문임을 드러내는 결정적 기준이다.

성찰(reflexivity): AI 이후 더 확장된 개념

성찰은 질적 연구에서 연구자가 자신의 위치성, 가치, 경험, 그리고 해석 행위 자체를 성찰하는 핵심적인 연구 태도다. 핀레이(Finlay, 2002)에 따르면 성찰은 연구자가 자료를 '있는 그대로' 읽는다는 환상을 거부하고, 연구자의 시선과 판단이 어떻게 연구 과정과 연구 결과에 개입하는지를 지속적으로 드러내는 실천이다. 전통적으로 성찰은 연구자의 성별, 계급, 문화적 배경, 제도적 권력 위치 등이 연구 참여자와의 관계 속에서 어떤 영향을 미치는지를 점검하는 개념으로 이해되어 왔다.

예를 들어 연구자가 교사 출신으로 학생을 인터뷰할 경우, 연구 참여자로서 학생은 연구자를 평가자나 권위자로 인식할 수 있으며, 이는 발화의 내용과 방식에 영향을 미친다. 성찰은 이러한 비대칭적 관계를 인식하고 그로 인해 생성된 자료의 성격을 분석에서 어떻게 고려했는지를 명시적으로 설명하는 것을 요구한다. 이처럼 전통적 성찰은 연구자-연구 참여자 관계와 연구자의 사회적 위치를 중심으로 형성되어 왔다.

그러나 인간-AI 협업 질적 연구의 확산은 성찰의 범위를 연구자 개인을 넘어 확장시킨다. 이제 연구자는 자신의 배경과 관점뿐 아니라 자신과 AI 사이의 관계 역시 성찰의 대상으로 포함해야 한다. 연구 과정에서 AI는 단순한 도구를 넘어 코드 제안, 범주 구조, 해석 문장 생성 등 분석의 방향에 실질적인 영향을 미치는 행위자로 작동한다(백우인 외, 2026). 따라서 연구자는 AI의 제안과 출력물이 자신의 해석에 어떤 방식으로 개입했는지, 그리고 그 개입을 어떻게 수용하거나 조정했는지를 성찰해야 한다.

구체적인 사례를 들어보자. 한 연구자가 대학생의 AI 활용 경험을 분석하는 과정에서, AI에게 1차 코딩을 요청했다고 가정하자. AI는 '효율성', '의존', '불안'과 같은 코드들을 반복적으로 제안할 수 있다. 이때 연구자는 이러한 코드들이 자신의 기존 문제의식, 예컨대 기술 의존성에 대한 비판적 관점과 잘 부합한다는 이유로 쉽게 수용할 가능성이 있다. 그러나 성찰 역량은 바로 이 지점에서 작동해야 한다. 연구자는 '이 코드들이 정말로 자료에서 중심적인 의미를 갖는가', 아니면 'AI의 제안이 나의 기존 관점을 강화하는 방향으로 작동했는가'를 질문해야 한다.

AI 이후의 성찰은 비가시적 영향을 성찰의 대상으로 삼는다. AI는 명시적으로 특정 해석을 강요하지 않지만, 제안된 언어의 틀과 범주 구조는 연구자의 사고 경로를 미묘하게 제한하거나 유도할 수 있다. 예를 들어 AI가 '위험', '문제', '결핍'과 같은 부정적 어휘를 중심으로 해석을 구성했을 경우, 연구자는 이를 수정하지 않는 한 동일한 수준의 분석을 반복할 가능성이 크다. 이때 성찰은 AI의 언어 선택이 연구자의 해석 지평에 어떤 영향을 미쳤는지를 인식하고, 그 영향력을 분석 과정에서 명시적으로 드러내는 역할을 한다(박종도 외, 2025).

중요한 점은 이러한 확장된 성찰 역량이 질적 연구의 엄밀성을 약화시키는 것이 아니라 오히려 더 높은 수준의 성찰을 요구한다는 사실이다. 연구자는 이제 자신의 해석이 어디까지 인간 연구자의 판단이고, 어디부터 AI의 제안에 의해 형성되었는지를 구분하고 설명해야 한다. 이는 'AI를 사용했다'는 기술적 사실을 보고하는 차원이 아니라 AI와의 협업이 해석의 조건을 어떻게 변화시켰는가를 방법론적으로 서술하는 것을 의미한다.

결국 인간-AI 협업 질적 연구에서 성찰은 연구자의 자기 성찰에서 인간-비인간 행위자 관계에 대한 성찰로 확장된다. 연구자는 자신의 사회적 위치뿐 아니라 기술적 매개가 해석 과정에 끼친 영향을 설명 책임의 일부로 편입시켜야 한다. 이러한 성찰의 확장은 질적 연구가 여전히 인간의 판단과 책임에 기반한 학문임을 재확인하게 하며, 동시에 AI 시대에 질적 연구자가 감당해야 할 방법론적 윤리의 수준을 한 단계 끌어올린다.

자동화의 한계와 협업의 가능성

앞의 3장과 이 장에서 검토한 질적 연구의 핵심 개념들, 즉 코딩, 범주화, 주제화, 해석, 맥락, 성찰은 서로 다른 분석 단계에 위치한다. 그렇지만 공통적으로 판단, 맥락화, 그리고 설명 책임을 전제로 한다는 점에서 하나의 인식론적 계보를 이룬다. 질적 연구에서 의미는 자동으로 도출되지 않으며, 언제나 연구자의 선택과 해석을 통해 구성된다(김영순 외, 2023). 생성형 AI는 이러한 절차들을 일정 부분 모방하거나 속도를 가속할 수는 있지만, 그 전제를 온전히 계승하지는 못하는 한계를 지닌다.

예컨대 AI는 인터뷰 자료에서 반복되는 표현을 추출하고, 코드나 범주 후보를 제안할 수 있다. 대학생의 학습 경험 인터뷰에서 '편하다', '시간이 절약된다', '생각을 덜 하게 된다'와 같은 표현을 묶어 '효율성'이라는 범주를 제시하는 일은 AI에게 비교적 용이한 작업이다. 그러나 이 범주가 연구에서 핵심적인 분석 단위가 되어야 하는지, 혹은 '학습의 의미 변화'나 '주체성의 재구성'이라는 더 상위의 해석적 틀 속에서 재배치되어야 하는지는 통계적 유사성만으로 판단될 수 없다. 이 결정에는 연구 질문, 이론적 관점, 그리고 사회적 맥락에 대한 연구자의 숙고가 필연적으로 개입된다.

이러한 사례는 AI의 자동화가 어디까지 가능한지를 분명히 보여 준다. AI는 분석의 형식을 빠르게 생성할 수 있지만, 분석의 정당성을 스스로 설명하지는 못하는 단점을 갖는다. 다시 말해 AI는 '무엇이 함께 묶일 수 있는가'는 말할 수 있지만 '왜 그것이 중요하며, 왜 다른 가능성은 배제되는가'에 대해서는 답하지 않는다. 이 지점에서 자동화는 질적 연구의 핵심에 도달하지 못한다. 따라서 인간-AI 협업 질적 연구의 과제는 질적 연구의 개념들을 기술적으로 단순화하거나 포기하는 데 있지 않다. 오히려 그 반대로, 기존 개념들의 의미를 다시 확인하고 AI 시대에 맞게 재공식화 하는 데 있다.

코딩은 여전히 질적 자료를 기계적으로 분절하는 작업이 아니라 '이 발화는 무엇에 관한 것인가'를 묻는 해석적 판단이다. 주제화는 범주를 묶어 제목을 붙이는 절차가 아니라 연구자가 자신의 분석을 통해 하나의 이론적 주장을 구성하는 과정이다. 성찰 역시 자동화될 수 있는 체크리스트가 아니라 해석의 조건과 한계를 성찰하고 그 책임을 스스로 감당하는 연구자의 태도다.

AI는 이 질적 연구의 모든 과정에 참여할 수는 있다. 예를 들어 연구자는 AI를 활용해 다양한 코딩 가능성을 탐색하고, 자신의 해석이 특정 방향으로 고착되지 않았는지를 점검할 수 있다. 또는 AI가 제시한 해석 문장을 '비교 대상으로서의 해석'으로 활용하여, 인간 연구자의 판단이 어디에서 어떻게 달라지는지를 드러낼 수도 있다. 이러한 방식에서 AI는 해석을 대신하는 존재가 아니라 해석의 지평을 확장하고 연구자의 판단을 더 분명히 드러내는 협업 파트너의 기능을 수행한다.

그러나 이러한 협업이 성립하기 위해서는 한 가지 전제가 분명해야 한다. 판단의 최종 책임은 언제나 인간 연구자에게 귀속된다는 점이다. AI가 생성한 코드, 범주, 해석 문장은 연구의 일부가 될 수는 있지만, 그것이 연구 결과로 인정되는 순간에는 반드시 연구자의 설명 책임 속으로 편입되어야 한다. 이 책임이 유보되거나 모호해지는 순간, 질적 연구는 해석적 탐구가 아니라 기술적 산출물의 집합으로 전락할 위험을 안게 된다(김영순 외, 2025).

이러한 논의를 종합하면, 자동화의 한계는 동시에 협업의 가능성을 가리킨다. AI는 질적 연구를 대체하는 기술이 아니라 질적 연구가 무엇을 전제로 작동해 왔는지를 더욱 선명하게 드러내는 계기다. AI의 등장 앞에서 질적 연구의 핵심 개념들은 약화하기는커녕 오히려 왜 판단이 필요한지, 왜 맥락이 중요한지, 왜 책임이 연구자에게 귀속되어야 하는지를 다시 묻게 된다.

참고문헌

김영순 외(2018). 《질적 연구의 즐거움》. 창지사.

김영순 외(2023). 《이야기의 사회과학: 생애사와 내러티브 탐구》. 패러다임북.

김영순 외(2025). “질적 연구물 연구 방법 영역의 인간-AI 협업 과정에 관한 문헌사례연구”. 《다문화와 교육》, 10(4), 1~25쪽.

박종도 외(2025). “질적 연구에서 자료처리 과정의 인간-AI 협업 경험에 관한 질적 사례연구”. 《다문화와 교육》, 10(4), 27~51쪽.

백우인 외(2026). “가정해체 결혼이주여성의 자립경험에 관한 인간-AI 협업기반 질적메타합성 연구”. 《문화교류와 다문화교육》, 15(1), 59~91쪽.

정정훈 외(2026). “질적 연구 전사자료 코딩에서 인간-AI 협업 과정 탐색: 결혼이주여성 자립 경험 전사자료 사례를 중심으로”. 《문화교류와 다문화교육》, 15(1), 29~57쪽.

Creswell, J. W. & Poth, C. N.(2018). *Qualitative inquiry and research design: Choosing among five approaches (4th ed.)*. Sage.

Finlay, L.(2002). Negotiating the swamp: The opportunity and challenge of reflexivity in research practice. *Qualitative Research, 2*(2), pp.209~230.

05
질적 연구에서 AI의 위치성

이 장은 인간-AI 협업 질적 연구에서 AI의 위치성을 탐색한다. 이 위치성은 AI를 의인화하거나 책임 주체로 격상시키기 위함이 아니라, AI가 연구 과정에서 어떤 역할을 수행하도록 허용되었는지를 명확히 규정하고자 함이다. 또한 AI의 행위자성 개념을 재검토하는 작업은, 인간 연구자의 책임을 약화시키기 위한 시도가 아니라, 오히려 연구 과정의 실질적인 작동 방식을 더 정밀하게 드러내기 위한 방법론적 선택으로 이해되어야 한다.

AI 콘텐츠 크리에이터?

왜 'AI의 위치성'을 묻는가

질적 연구에서 인간-AI 협업을 논의할 때 가장 빈번하게 제기되는 질문은 인간 연구자가 'AI를 어떻게 사용할 것인가'다. 예를 들어 AI를 코딩 단계에서 사용할 것인지, 요약이나 주제 도출에 활용할 것인지, 혹은 논문 초안 작성에 보조적으로 투입할 것인지가 주된 관건이다. 그러나 이 질문은 질적 연구의 방법론적 핵심을 포착하기에는 결정적으로 불충분하다. 질적 연구의 정당성은 특정 기술을 사용했는지 여부가 아니라 연구 과정에서 무엇이 누구의 판단으로 수행되었는가, 그리고 그 판단이 어떻게 설명되는가에 달려 있기 때문이다. 따라서 인간-AI 협업 질적 연구에서 보다 근본적으로 던져야 할 질문은 'AI를 어떻게 사용할 것인가'가 아니라 '연구 과정에서 AI를 어디에 위치시킬 것인가'다.

이 장에서 말하는 'AI의 위치성(positioning)'은 단순히 기능을 배치하는 실무적 문제가 아니다. 이는 AI가 연구 과정에서 어떤 인식론적 지위를 부여받는지, 그리고 어떤 행위자성(agency)을 갖는 존재로 간주되는지에 대한 문제다. 다시 말해 AI를 단순한 계산 도구로 볼 것인지, 연구자의 분석을 보조하는 협력자로 볼 것인지, 혹은 제한적이지만 해석적 제안을 수행하는 공동 해석 파트너로 위치 지을 것인지에 따라 연구의 성격과 책임 구조는 근본적으로 달라진다. 이 점에서 AI의 위치성은 기술 활용의 문제가 아니라 질적 연구의 이론적, 방법론적 토대를 재구성하는 문제다.

많은 기존 연구에서 AI는 여전히 '중립적 도구'로 간주된다. 이 관점에서 AI는 연구자의 지시에 따라 계산을 수행하는 장치이며, 연구자의 판단과는 분리된 존재로 이해된다. 예컨대 통계 소프트웨어나 전통적인 CAQDAS 도구처럼, AI는 연구자가 설정한 규칙을 충실히 실행할 뿐 의미 생성에는 관여하지 않는 것으로 전제된다. 이러한 도구적 관점은 질적 연구에서 오랫동안 사용되어 온 소프트웨어 활용 방식과 친숙하며, 연구자의 행위자성 및 주체성을 보호하는 안전한 선택처럼 보이기도 한다.

그러나 생성형 AI의 등장은 이러한 도구적 관점을 근본적으로 흔들어 놓았다. 생성형 AI는 단순히 입력된 명령을 기계적으로 수행하는 데 그치지 않고, 언어적 산출을 생성하며, 개념 간의 의미적 연결을 제안하고, 때로는 연구자가 예상하지 못한 해석적 방향을 제시한다(황윤아 · 김영순, 2025). 예를 들어 연구자가 인터뷰 자료의 요약을 요청했을 뿐인데, AI가 '이 발화들은 기술 의존성과 정체성 불안을 동시에 드러낸다'는 해석적 문장을 생성하는 경우가 그렇다. 이 순간 AI는 더 이상 도구가 아니라 해석의 방향에 영향을 미치는 행위자로 작동한다.

이 지점에서 도구적 관점은 중요한 한계를 드러낸다. AI를 여전히 중립적 도구로 간주할수록, 연구자는 AI가 분석 과정에 어떤 방식으로 개입하고 있는지, 그리고 그 개입이 자신의 해석에 어떤 영향을 미쳤는지를 성찰하지 않게 된다. 예컨대 AI가 반복적으로 특정 이론 용어를 중심으로 해석을 제안했음에도 불구하고, 연구자가 이를 '단순한 출력 결과'로 받아들인다면, 해석의 방향이 어떻게 형성되었는지는 분석 과정에서 가시화되지 않는다. 그 결과 해석의 책임은 연구자와 AI 사이에서 모호해지고, 연구 결과의 방법론적 정당성은 충분히 설명되지 않은 채 남게 된다.

따라서 'AI의 위치성'을 묻는다는 것은 AI를 의인화하거나 책임 주체로 격상시키기 위함이 아니다. 오히려 이는 AI가 연구 과정에서 어떤 역할을 수행하도록 허용되었는지를 명확히 규정함으로써, 해석의 책임을 다시 인간 연구자에게 귀속시키기 위한 질문이다. AI가 어디에 위치하는지가 명시될 때만, 연구자는 자신의 판단이 어디까지이고 AI의 제안이 어디에서 개입했는지를 구분하여 설명할 수 있다(김영순 외, 2025). 이 점에서 AI의 위치성에 대한 질문은 질적 연구의 통제력을 약화시키는 것이 아니라 오히려 인간-AI 협업 환경에서 연구자의 방법론적 책임을 더욱 분명히 하는 출발점이 된다.

행위자성(agency) 논쟁과 비인간 행위자

AI의 위치성을 사유하기 위해서는, 질적 연구가 오랫동안 전제해 온 인간 중심적 행위자 개념을 재검토할 필요가 있다. 전통적으로 행위자성은 의도, 자율성, 책임 능력을 지닌 인간에게만 귀속되는 개념으로 이해되어 왔다. 그러나 사회과학과 인문학에서는 이미 오래전부터 이러한 전제를 문제 삼아 왔으며, 행위자성을 보다 확장된 관계적 개념으로 이해하려는 시도가 축적되어 왔다. 그 대표적인 이론적 흐름이 바로 행위자-연결망 이론(Actor-Network Theory, ANT)이다.

브뤼노 라투르(Bruno Latour)는 ANT를 통해 행위자를 '행동을 발생시키는 모든 존재'로 재정의하며, 행위자성을 인간의 의식이나 의도에만 한정하지 않는다(Latour, 2005). 이 관점은 기술, 사물, 규범, 제도 역시 사회적 과정에 개입하여 차이를 만들어 내는 범위에서만 행위자적 효과를 갖는다고 주장한다. 중요한 것은 그 존재가 스스로 목적을 설정하는 것이 아니라 관계망 속에서 어떤 변화를 야기하는가라고 볼 수 있다. 이런 맥락에서 행위자성은 속성이 아니라 관계 속에서 발생하는 효과로 이해된다.

이 관점에서 보면 생성형 AI는 연구 과정에서 분명한 행위자적 효과를 갖는다. 예를 들어 AI를 도입함으로써 질적 자료 분석의 속도는 급격히 변화하고, 연구자가 처음에 설정하지 않았던 코드나 범주가 분석 과정에 등장할 수 있다. 또한 AI가 반복적으로 특정 개념이나 해석 방향을 제안할 경우, 연구자의 사유 경로 자체가 그 방향으로 유도될 가능성도 존재한다. 이처럼 AI는 연구 결과에 간접적으로 영향을 미칠 뿐만 아니라 연구자가 무엇을 문제로 인식하고 어떤 질문을 던지는지 연구 초기 영역에까지 개입한다. 이 점에서 AI는 단순한 수동적 도구 이상의 역할을 수행한다.

구체적인 사례를 들어보자. 한 연구자가 교사의 AI 활용 경험을 분석하는 과정에서 생성형 AI에게 1차 요약과 범주 제안을 요청했다고 가정하자. AI는 '효율성 향상', '업무 부담 감소', '교육의 질 저하 우려'라는 범주를 반복적으로 제시할 수 있다. 이 제안은 연구자가 원래 주목하고자 했던 '교사의 전문성 재구성'이나 '교육 노동의 변화'라는 문제의식을 전면에 부각시키지 못할 수도 있다.

그러나 동시에 이러한 범주 제안은 연구자의 분석 방향을 일정 부분 재조정하게 만들며, 후속 질문과 해석의 범위를 변화시킨다. 이때 AI는 연구 결과를 결정하지는 않지만, 연구가 전개되는 경로에 실질적인 차이를 만들어 낸다.

그러나 이러한 행위자적 효과를 인정하는 것이 곧 AI를 인간과 동등한 윤리적 주체로 간주해야 한다는 주장으로 이어지는 것은 아니다. ANT적 관점의 핵심은 행위자성과 책임을 동일시하지 않는 데 있다. 즉, 어떤 존재가 행위자적 효과를 갖는다고 해서, 그 존재가 곧바로 윤리적 판단과 설명 책임의 주체가 되는 것은 아니다. AI는 분석 과정에서 변화를 만들어 낼 수는 있지만, 그 변화의 의미와 정당성을 설명하고 책임질 능력을 갖고 있지는 않다.

이 구분은 인간-AI 협업 질적 연구에서 특히 중요하다. 만약 AI의 행위자성을 인정하는 순간 책임까지 자동으로 분산시켜 버린다면, 연구 결과를 설명하는 책임은 불분명해지고, 질적 연구의 핵심 윤리는 약화될 수 있다. 반대로 AI를 철저히 비행위자로 간주할 경우, AI가 실제로 분석 과정에 미친 영향은 가시화되지 않은 채 은폐될 위험이 있다(백우인 외, 2026). ANT 관점은 이 두 극단을 피할 수 있는 이론적 자원을 제공한다. 즉, AI를 행위자적 효과를 가지는 비인간 행위자로 인식하되, 책임의 주체는 여전히 인간 연구자에게 귀속시키는 것이다.

결국 행위자성 논쟁은 AI를 인간처럼 대우할 것인가의 문제가 아니라, 연구 과정에서 어떤 존재들이 어떻게 의미 생산에 개입하는지를 정확하게 기술하고 설명할 수 있는가의 문제다. 따라서 인간-AI 협업 질적 연구에서 행위자성 개념을 재검토하는 작업은, 인간 연구자의 책임을 약화시키기 위한 시도가 아니라 오히려 연구 과정의 실제 작동 방식을 더 정밀하게 드러내기 위한 방법론적 선택으로 이해되어야 한다.

참고문헌

김영순 외(2025). "질적 연구물 연구 방법 영역의 인간-AI 협업 과정에 관한 문헌사례연구". 《다문화와 교육》, 10(4), 1~25쪽.

백우인 외(2026). "가정해체 결혼이주여성의 자립경험에 관한 인간-AI 협업기반 질적메타합성 연구". 《문화교류와 다문화교육》, 15(1), 59~91쪽.

황윤아·김영순(2025). "인문사회과학 분야의 AI활용 질적 연구에 대한 질적메타분석: 해외연구를 중심으로". 《인문사회과학연구》, 26(4), 295~332쪽.

Latour, B.(2005). *Reassembling the social: An introduction to actor-network-theory*. Oxford University Press.

06
인간-AI 협업의 인식론적 전환

이 장에서는 인간-AI 협업 질적 연구에서의 인식론적 전환을 다룬다. 인간-AI 협업에서 인간 연구자는 더 이상 자신을 절대적 해석의 중심으로 상정하기 어렵게 되며, 해석이 혼자만의 판단이 아니라 다양한 인간 · 비인간 요소의 결합 속에서 생성되었음을 인식하게 된다. 또한 AI에 대한 도구적 관점의 한계를 비판하고, 비인간 행위자 이론, 신유물론, 객체 지향 존재론을 통해 AI의 위치성을 재사유함으로써, 협업과 책임의 관계를 명확히 한다.

AI와 민주주의?

신유물론과 관계적 존재론: 협업의 철학적 토대

인간-AI 협업을 이론적으로 정초하는 또 하나의 중요한 사상은 신유물론(new materialism)과 관계적 존재론(relational ontology)이다. 이 사유 흐름은 인간 중심적 인식론과 주체-객체 이분법을 비판하며, 지식과 의미가 고정된 실체에서 비롯되는 것이 아니라 관계 속에서 생성되고 변화하는 과정임을 강조한다. 특히 바라드(Barad, 2007)는 세계를 독립적으로 존재하는 개체들의 집합으로 이해하는 대신 존재 자체가 얽힘(entanglement) 속에서 발생한다고 주장한다. 여기서 '얽힘'이란 단순한 상호작용을 의미하는 것이 아니라 주체와 객체, 인간과 비인간, 물질과 담론이 사전에 분리되지 않은 채 함께 구성되는 상태를 가리킨다.

이 관점에서 지식 생산은 더 이상 인식 주체가 외부의 객체를 관찰하고 설명하는 행위로 이해되지 않는다. 대신 지식은 주체와 객체, 도구와 환경이 함께 참여하는 수행적 과정 속에서 생성된다. 예를 들어, 연구자가 인터뷰 전사 자료를 읽고 해석하는 과정은 연구자의 인지 작용만으로 이루어지지 않는다. 녹취 장비, 전사 규칙, 분석 소프트웨어, 이론적 개념, 그리고 연구자가 처한 제도적, 시간적 조건이 모두 얽혀 하나의 해석이라는 사건을 구성하게 된다. 신유물론의 관점에서 보면, 지식은 이러한 얽힘의 효과이지 연구자 개인의 내부에서 생성된 산물이 아니다.

이러한 이해는 질적 연구에 중요한 시사점을 제공한다. 전통적으로 질적 연구는 연구자의 해석 역할을 강조해 왔지만, 여전히 연구자를 분석의 중심에 두는 경향이 강했다. 반면 관계적 존재론은 연구자, 연구 참여자, 자료, 이론, 분석 도구를 분리된 요소가 아니라 하나의 연구 사건을 구성하는 행위자들로 재배치한다(김영순, 2022). 예컨대 생성형 AI를 활용해 결혼 이주 여성의 인터뷰 전사 자료를 분석하는 사례를 생각해 보자. 이때 AI는 단순한 연산 도구가 아니라 특정 방식으로 텍스트를 분절하고, 유사성을 감지하며, 범주를 제안함으로써 해석 과정에 실질적인 영향을 미친다. 인간-AI 협업 과정에서 연구자의 질문, AI의 알고리즘, 전사 자료의 언어적 특성, 그리고 적용된 이론적 틀이 서로 얽히면서 분석 결과가 형성된다.

이처럼 인간-AI 협업은 연구 과정에 이미 존재해 왔던 얽힘을 가시화하는 역할을 한다. 연구자는 더 이상 자신을 절대적 해석의 중심으로 상정하기 어렵게 되며, 해석이 인간 연구자 혼자만의 판단이 아니라 다양한 인간·

비인간 요소의 결합 속에서 생성되었음을 인식하게 된다. 이는 질적 연구의 주체 개념을 해체하기보다는 주체를 관계적, 분산적 존재로 재구성하는 효과를 낳는다. 인간-AI 협업은 인간 연구자의 권한을 단순히 약화시키는 것이 아니라 그 권한이 언제나 관계 속에서 행사되어 왔음을 드러낸다.

그러나 신유물론과 관계적 존재론은 책임의 문제를 회피하지 않는다. 오히려 얽힘 속에서 생성된 지식일수록 책임의 소재는 더 분명하게 요구된다. 바라드(Barad, 2007)는 얽힘을 강조한다고 해서 행위자의 책임이 사라지는 것은 아니며, 어떤 얽힘이 형성되었고 어떤 경로를 통해 특정 지식이 산출되었는지를 '설명해야 할 책임'이 오히려 강화된다고 지적한다. 이는 인간-AI 협업 질적 연구에서도 마찬가지다. 분석 결과가 인간 연구자, AI, 자료, 이론의 얽힘 속에서 생성되었다고 말하는 것만으로는 충분하지 않다. 연구자는 그 얽힘이 어떤 선택과 배제, 어떤 기술적, 이론적 전제 위에서 구성되었는지를 구체적으로 서술해야 한다.

예컨대 AI가 제안한 범주를 최종 분석에 포함시켰다면, 연구자는 왜 그 범주가 의미 있다고 판단했는지, 어떤 발화들이 그 범주에 포함되었고 어떤 발화들은 제외

되었는지를 설명해야 한다. 이는 'AI도 참여했다'는 선언으로 책임을 분산시키는 것이 아니라 얽힘의 구조를 드러냄으로써 책임의 경로를 명확히 하는 작업이다. 이 점에서 신유물론은 인간-AI 협업을 무비판적으로 정당화하는 이론이 아니라 협업의 조건과 결과를 더욱 엄격하게 설명하도록 요구하는 이론적 토대라고 할 수 있다.

결국 신유물론과 관계적 존재론은 인간-AI 협업 질적 연구를 철학적으로 정초하면서도, 동시에 연구자에게 더 높은 수준의 성찰과 설명에 대한 격조 높은 윤리적 책임을 부과한다. 연구자는 더 이상 '누가 해석했는가'라는 질문에 단순히 답할 수 없지만, 대신 '어떤 얽힘 속에서 이 해석이 생성되었는가'를 설명해야 한다. 이러한 설명 가능성 속에서만 인간-AI 협업은 질적 연구의 인식론적 정합성을 유지할 수 있으며, 신유물론은 그 정합성을 지탱하는 중요한 이론적 자원이 된다.

객체 지향 존재론(OOO)과 AI의 불투명성

객체 지향 존재론(Object-Oriented Ontology, OOO)은 인간-AI 협업 질적 연구를 위한 사유의 토대로서 하나의 중요한 이론적 자원을 제공한다. OOO의 핵심 주장은 인간이 세계의 중심이 아니라는 점, 그리고 세계를 구성하는 객체들은 인간의 인식이나 언어에 의해 완전히 포착되지 않는다는 점에 있다. 하만(Harman, 2011)은 객체를 인간의 지각, 개념, 사용 가치로 환원될 수 없는 '불투명한 존재(withdrawn object)'로 이해한다. 객체는 언제나 인간에게 드러나는 측면을 넘어서는 잔여를 지니며, 그 전체는 결코 완전히 접근되지 않는다.

이 관점에서 AI는 전형적인 불투명한 객체다. 연구자는 AI의 입력과 출력은 볼 수 있지만, 그 내부에서 어떤 연산과 판단이 이루어지는지, 왜 특정 결과가 도출되었는지를 완전히 이해하거나 통제할 수 없다. 예컨대 질적 인터뷰 전사 자료를 AI에 입력했을 때, AI가 특정 발화들을 하나의 범주로 묶거나 예상하지 못한 개념을 제안하는 경우가 종종 있을 수 있다. 연구자는 결과를 확인할 수는 있지만, 그 결과가 어떤 경로를 통해 생성되었는지를 명확히 재구성하기는 어렵다. OOO의 관점에서 보면, 이는 기술적 결함이 아니라 객체가 지닌 존재론적 특성에 가깝다.

이러한 AI의 불투명성은 흔히 질적 연구에서 위험 요소로 인식될 수 있다. 특히 연구의 신뢰성과 타당성을 중시하는 맥락에서는, 설명할 수 없는 산출물은 곧 오류나 왜곡의 가능성으로 간주되기 쉽다. 그러나 OOO의 관점은 이 불투명성을 단순히 제거해야 할 결함으로만 보지 않는다. 오히려 불투명성은 연구자가 자신의 해석을 절대화하거나 유능한 설명자로 상정하는 태도를 흔드는 계기로 작동할 수 있다.

예를 들어 연구자가 결혼 이주 여성의 인터뷰 자료를 분석하면서 AI로부터 예상과 다른 범주 제안을 받았다고 가정해 보자. 연구자는 처음에는 이를 'AI의 오류'로 간주할 수 있다. 그러나 그 범주가 일부 발화의 미묘한 정서적 공통점을 포착하고 있음을 발견한다면, 이는 연구자의 기존 해석 틀 자체를 재검토하게 만드는 계기가 될 수 있다(백우인 외, 2026). 이때 AI의 불투명성은 연구자의 해석을 대체하는 권위가 아니라 해석의 잠정성과 불완전성을 드러내는 장치로 기능한다. 이는 해석이 언제나 부분적이며, 다른 방식으로도 구성될 수 있다는 질적 연구의 기본 전제를 오히려 강화한다.

그러나 OOO가 AI의 불투명성을 긍정한다고 해서, 모든 AI 산출물이 무비판적으로 수용될 수 있는 것은 아니다. 오히려 정반대일 수 있다. 객체가 불투명할수록, 그것을 다루는 연구자의 책임은 더 커진다. 연구자에 의해 이해되지 않는 산출물을 'AI가 그렇게 산출했다'는 이유로 해석 결과에 그대로 포함시킨다면, 연구자는 방법론적으로도 윤리적으로도 비난을 면할 수 없다.

이 지점에서 OOO는 AI를 신비화하거나 인간의 책임을 약화시키는 이론이 아니다. 오히려 OOO는 연구자에게 다음과 같은 질문을 던지게 한다. '이 객체는 나에게 무엇을 드러내고 무엇을 숨기고 있는가?', '나는 이 객체의 불투명성을 어떻게 다루고 있는가?', '이 결과를 해석으로 채택할 충분한 근거를 제시할 수 있는가?' 이러한 질문은 AI를 통제 불가능한 위협으로 보는 태도, 혹은 유능한 분석 주체로 신뢰하는 태도 모두를 경계하게 만든다.

결국 객체 지향 존재론이 인간-AI 협업 질적 연구에 제공하는 핵심 통찰은 단순하다. AI는 이해 가능한 도구도, 완전히 통제 가능한 기계도 아니다. 그것은 연구 과정에 참여하지만, 언제나 부분적으로만 접근 가능한 객체다. 따라서 연구자의 과제는 AI의 불투명성을 제거하는 것이 아니라 그 불투명성을 전제로 한 채 어디까지 이해했고, 어디서부터 이해하지 못했는지를 설명하는 것이다. 이 설명 가능성 속에서만 인간-AI 협업은 질적 연구의 방법론적 정당성을 유지할 수 있으며, OOO는 그러한 태도를 성찰하게 만드는 중요한 철학적 근거가 된다.

인간-AI 협업 질적 연구를 위한 인식론의 전환

인간-AI 협업 질적 연구에서 가장 중요한 인식론적 전환은 판단의 위치가 이동한다는 점이다. 전통적 질적 연구에서는 자료 해석과 범주화, 의미 부여의 대부분이 연구자의 내적 사유 과정에서 이루어졌다. 연구자는 혼자 자료를 읽고, 메모하고, 코드를 생성하며, 그 판단의 경로를 외부에서 직접 확인하기는 어려웠다. 이러한 판단은 종종 연구자의 전문성이나 경험에 기대어 암묵적으로 정당화되었다(정정훈 외, 2026).

그러나 AI 협업 환경에서는 이 판단이 외재화된다. 예를 들어 연구자가 인터뷰 전사 자료를 분석하는 과정에서 AI가 여러 개의 코드와 범주를 동시에 제안할 경우, 연구자는 더 이상 하나의 해석만을 자연스럽게 '떠올리는' 위치에 머물 수 없다. 대신 그는 AI가 제시한 다양한 대안적 해석 앞에서 선택하고, 배제하고, 수정하며, 그 이유를 설명해야 하는 위치에 놓인다. 판단은 더 이상 연구자의 머릿속에서만 이루어지지 않고, 기록되고 비교 가능하며 설명 가능한 과정으로 드러난다(김영순 외, 2025).

이러한 전환은 질적 연구의 약화를 의미하지 않는다. 오히려 이는 질적 연구에 더 높은 수준의 방법론적 성숙을 요구한다. 연구자는 더 이상 '나는 이렇게 해석했다'

는 진술만으로 자신의 분석을 정당화할 수 없다. 예컨대 결혼 이주 여성의 인터뷰에서 "참고 산다"는 발화를 분석할 때, 연구자는 단일한 해석을 제시하는 대신, AI가 제안한 '적응 전략', '정서 억제', '구조적 제약의 내면화'와 같은 여러 해석 가능성 중에서 왜 특정 해석을 선택했는지, 그리고 다른 해석들은 왜 배제했는지를 설명해야 한다. 이 설명 과정 자체가 분석의 일부가 된다.

인간-AI 협업 논의에서 가장 경계해야 할 오해는 협업이 곧 책임의 분산을 의미한다는 생각이다. AI가 분석에 참여했다고 해서 해석의 책임이 인간 연구자와 AI 사이에 나뉘는 것은 아니다.

앞서 살펴본 비인간 행위자 이론, 신유물론, 객체 지향 존재론은 모두 AI의 행위자적 효과를 인정하지만, 동시에 책임의 주체를 자동으로 확장하지 않는다. 질적 연구에서 책임은 기술적 문제가 아니라 윤리적, 학문적 개념이기 때문이다. 연구 결과가 연구 참여자의 삶을 어떻게 재현하는지, 어떤 경험을 중심에 두고 어떤 목소리를 주변화하는지, 그리고 그 결과가 사회적으로 어떤 효과를 갖는지는 여전히 인간 연구자의 판단에 달려 있다. AI는 이러한 판단을 보조하거나 때로는 연구자의 기존 해석에 도전할 수는 있지만, 그 결과에 대해 책임을 질 수는 없다. AI가 특정 참여자의 발화를 문제적 범주로 분류했을 때, 그 분류를 채택할지 여부와 그 윤리적 효과를 고려하는 책임은 전적으로 연구자에게 있다.

따라서 인간-AI 협업 질적 연구의 이론적 토대는 한 가지 원칙으로 수렴한다. 협업은 가능하지만, 책임은 인간에게 귀속된다는 원칙이다. 이 원칙은 이후 장에서 제시될 협업 유형, 연구 설계, 연구 방법 서술의 기준점으로 작동한다. AI를 얼마나 적극적으로 활용하든, 연구자는 자신의 선택을 설명하고 그 결과에 책임져야 한다(황윤아 · 김영순, 2025).

지금까지 논의한 이론적 흐름들은 인간-AI 협업을 정당화하기 위해 포장하는 장식적 이론이 아니다. 이들은 연구자가 실제 연구 과정에서 마주하는 선택, 즉 AI의 제안을 받아들일 것인가, 수정할 것인가, 거부할 것인가를 설명 가능하게 만드는 이론적 근거다. AI를 단순한 도구로 볼 것인지, 행위자적 효과를 지닌 협업 파트너로 볼 것인지는 연구자의 선택이며, 그 선택은 방법론적으로 확실하게 명시되어야 한다.

이러한 인식 위에서 이후 장에서 제안될 협업 유형 분류는 단순한 기술적 구분이 아니라 판단과 책임을 어디에 배치할 것인가에 대한 선택의 결과로 이해될 수 있다.

병렬 분석 모델, 보조 · 확장 모델, 공동 해석 · 생성 모델은 모두 AI의 위치성을 다르게 설정한 방식이며, 이 차이를 인식할 때 협업 전략은 요령이나 편의의 문제가 아니라 방법론적 결정이 된다.

참고문헌

김영순(2022). 《질적 연구와 문화기술지의 이해》. 패러다임북.

김영순 외(2025). "질적 연구물 연구 방법 영역의 인간-AI 협업 과정에 관한 문헌사례연구". 《다문화와 교육》, 10(4), 1~25쪽.

백우인 외(2026). "가정해체 결혼이주여성의 자립경험에 관한 인간-AI 협업기반 질적메타합성 연구". 《문화교류와 다문화교육》, 15(1), 59~91쪽.

정정훈 외(2026). "질적 연구 전사자료 코딩에서 인간-AI 협업 과정 탐색: 결혼이주여성 자립 경험 전사자료 사례를 중심으로". 《문화교류와 다문화교육》, 15(1), 29~57쪽.

황윤아·김영순(2025). "인문사회과학 분야의 AI활용 질적 연구에 대한 질적메타분석: 해외연구를 중심으로". 《인문사회과학연구》, 26(4), 295~332쪽.

Barad, K.(2007). *Meeting the universe halfway: Quantum physics and the entanglement of matter and meaning*. Duke University Press.

Harman, G.(2011). *The quadruple object*. Zero Books.

07
인간-AI 협업 유형 I:
병렬 분석과 삼각 검증 모델

이 장에서는 인간-AI 협업 유형 중 병렬 분석과 삼각 검증 모델을 다룬다.
이 모델은 AI를 해석의 주체로 인정하지 않으면서도, 인간 연구자의 해석이 자의적 판단에 머무르지 않도록 점검할 수 있는 장치를 마련하는 것이다. 병렬 분석과 삼각 검증 모델은 AI를 '대체자'가 아니라 '비교 기준'으로 위치시킨다.

AI와 애니메이션?

병렬·삼각 검증 모델의 문제의식

인간-AI 협업 질적 연구에서 가장 먼저 등장한 협업 방식은 AI를 보조적 연산 도구로 활용하는 접근이었다. 그러나 생성형 AI의 분석 능력이 고도화되면서, 단순 보조를 넘어 AI의 분석 결과를 연구자의 해석과 비교 · 검증하는 자원으로 활용하려는 시도가 나타났다. 병렬 · 삼각 검증 모델은 이러한 흐름 속에서 등장한 가장 보수적이면서도 안정적인 협업 유형이다(정정훈 외, 2026).

이 모델의 핵심 문제의식은 명확하다. 인간-AI 협업에서 AI를 해석의 주체로 승인하지 않으면서도, 인간 연구자의 해석이 자의적 판단에 머무르지 않도록 점검할 수 있는 장치를 마련하는 것이다. 즉, 병렬 · 삼각 검증 모델은 AI를 '대체자'가 아니라 비교 기준으로 위치시킨다.

병렬 · 삼각 검증 모델은 질적 연구에서 오래전부터 논의되어 온 삼각 검증(triangulation) 개념에 이론적 뿌리를 둔다. 덴진(Denzin, 1978)은 삼각 검증을 자료, 연구자, 이론, 방법 간의 교차 검토를 통해 연구의 신뢰성을 강화하는 전략으로 제시하였다. 이후 링컨과 구바(Lincoln & Guba, 1985)는 삼각 검증을 해석의 객관화를 위한 장치가 아니라 해석의 타당성을 성찰적으로 점검하는 과정으로 재정의하였다.

인간-AI 협업의 맥락에서 삼각 검증은 새로운 의미를 획득한다. AI는 기존의 '또 다른 연구자'나 '또 다른 자료'와 달리, 인간과 질적으로 다른 분석 논리를 가진 존재이기 때문이다. 따라서 AI를 삼각 검증의 한 축으로 포함시키는 것은, 해석을 단순히 반복 확인하는 것이 아니라 질적으로 다른 분석의 시선을 만나는 것이다.

병렬 분석은 인간 연구자와 AI가 동일한 자료를 서로 독립적으로 분석하는 방식이다. 이때 핵심 원칙은 분석의 독립성이다. 인간 연구자의 코딩 결과나 주제화가 AI에게 사전에 제공될 경우, 병렬성은 붕괴된다. 따라서 병렬 분석에서는 인간 분석과 AI 분석이 시간적 · 논리적으로 분리되어 수행된다(김영순 외, 2025).

이 구조에서 중요한 것은 결과의 일치 여부가 아니다. 인간 분석과 AI 분석이 동일한 주제를 도출했다고 해서 그것이 자동으로 '옳은 해석'이 되는 것은 아니다. 반대로 서로 다른 결과가 나왔다고 해서 어느 한쪽이 오류라고 판단할 수도 없다. 병렬 분석의 목적은 차이를 드러내는 것이다. 차이는 오류가 아니라 해석의 전제와 관점 차이를 가시화하는 토대가 된다. 병렬 · 삼각 검증 모델에서 AI는 흔히 '제3의 시선'으로 묘사된다. 이는 AI를 중립적 판정자로 상정한다는 의미가 아니라 인간 연구자의 해석을 낯설게 만드는 외부적 관점으로 활용한다는 의미다(정정훈 외, 2026).

AI는 인간 연구자가 익숙하게 전제하고 있던 범주나 주제 구조를 따르지 않을 수 있다. 예컨대, 연구자가 중요하게 여긴 정체성 서사가 AI 분석에서는 주변적 패턴으로 나타날 수 있고, 반대로 연구자가 주목하지 않았던 일상적 표현이 AI 분석에서는 핵심 주제로 부각될 수 있다. 이러한 불일치는 연구자의 해석을 흔들고, 자신의 분석 전제를 재검토하게 만든다.

삼각 검증의 재구성: AI, 이론, 인간 해석의 교차

병렬 분석 이후의 단계는 삼각 검증이다. 이 단계에서 인간 연구자는 자신의 분석, AI의 분석, 그리고 이론적 논의를 교차해서 검토하게 된다. 이때 AI의 분석은 이론이나 자료와 동일한 위상을 갖지 않는다. AI는 검증의 기준이 아니라 검증의 계기로 기능한다. 삼각 검증의 핵심은 일치가 아니라 설명이다. 연구자는 왜 자신의 해석을 유지하거나 수정했는지를 설명해야 한다. AI의 분석이 제안한 대안적 해석은 채택되거나 배제되는데, 이 결정 과정 자체가 연구의 신뢰성을 구성한다.

병렬 · 삼각 검증 모델은 일반적으로 다음과 같은 절

차를 따른다. 첫째, 인간 연구자가 연구 질문과 이론적 틀에 따라 1차 분석을 수행한다. 둘째, 동일한 자료를 AI에 제공하되, 인간 분석 결과는 제공하지 않는다. 셋째, AI의 분석 결과를 독립적으로 확보한 후, 인간 연구자는 두 분석 결과를 비교 · 대조한다. 넷째, 이 비교 결과를 이론적 논의와 연결하여 해석을 정교화한다. 이 절차에서 중요한 것은 결정의 주체가 누구인가다. 최종 해석과 주제 확정은 언제나 인간 연구자의 판단으로만 이루어진다. AI는 그 판단을 도전하고 확장하는 역할을 수행할 뿐이다(정정훈 외, 2026).

이 모델의 가장 큰 강점은 질적 연구의 인식론적 전제를 보존한다는 점이다. 해석은 여전히 인간의 몫이며, AI는 해석의 책임을 분산시키지 않는다. 동시에 AI의 분석은 인간 연구자의 해석이 자의적 독백으로 흐르지 않도록 제어한다. 또한 이 모델은 학술적인 심사와 윤리적인 심의 맥락에서 높은 설득력을 가진다. AI 활용이 명확히 제한되고, 해석의 책임 구조가 분명하기 때문이다. 이 점에서 병렬 · 삼각 검증 모델은 AI 협업 질적 연구의 입문형이자 기준형 모델로 기능할 수 있다.

그러나 병렬 · 삼각 검증 모델 역시 한계를 가진다. 가장 큰 위험은 병렬성이 형식적 절차로 전락하는 것이다.

AI 분석을 단순히 첨부 자료로 추가하거나, 'AI 분석 결과와 유사한 경향을 보였다'는 식의 서술로 축소할 경우, 병렬 분석은 실질적 성찰을 제공하지 못한다. 또한 AI 분석 결과를 지나치게 권위 있는 검증 기준으로 오인할 위험도 존재한다. AI의 분석은 결코 '객관적 진실'을 제공하지 않는다. AI는 훈련 데이터와 알고리즘의 산물이며, 특정 언어적 편향을 내포한다. 이를 인식하지 못할 경우, 병렬 · 삼각 검증 모델은 오히려 해석의 책임을 흐릴 수 있다.

이 모델은 특히 다음과 같은 연구 맥락에서 적합하다. 첫째, 이론적 민감도가 높은 연구에서 해석의 자의성을 점검하고자 할 때다. 둘째, 정책, 교육, 평가 연구와 같이 설명 책임이 강하게 요구되는 연구다. 셋째, 인간-AI 협업을 처음 도입하는 연구자가 방법론적 위험을 최소화하고자 할 때다. 반면, 탐색적 연구나 창의적 해석이 중심이 되는 연구에서는 이 모델이 과도한 제약으로 작동할 수도 있다. 이 경우 보조 · 확장 모델이나 공동 해석 모델이 더 적합할 수 있다.

이 장은 인간-AI 협업 유형 중 가장 보수적이면서도 안정적인 병렬 · 삼각 검증 모델을 이론적, 방법론적으로 기술하였다. 이 모델은 인간-AI 협업 질적 연구의 출발점이자 기준점으로서, 이후 장에서 논의될 다른 협업 유형들을 이해하는 비교 틀을 제공한다.

다음 장에서는 병렬·삼각 검증 모델보다 한 단계 더 나아간 보조·확장 모델을 다룬다. 이 모델은 AI의 역할을 보다 적극적으로 확대하면서도, 해석의 책임을 인간에게 유지하는 방식이다. 핵심 질문은 동일하다. AI의 개입을 어디까지 허용할 것인가, 그리고 그 선택을 어떻게 설명할 것인가다.

참고문헌

김영순 외(2025). "질적 연구물 연구 방법 영역의 인간-AI 협업 과정에 관한 문헌사례연구". 《다문화와 교육》, 10(4), 1~25쪽.

정정훈 외(2026). "질적 연구 전사자료 코딩에서 인간-AI 협업 과정 탐색: 결혼이주여성 자립 경험 전사자료 사례를 중심으로". 《문화교류와 다문화교육》, 15(1), 29~57쪽.

Denzin, N. K.(1978). *The research act: A theoretical introduction to sociological methods.* McGraw-Hill.

Lincoln, Y. S. & Guba, E. G.(1985). *Naturalistic inquiry.* Sage.

08
인간-AI 협업 유형 II: 보조·확장 모델

이 장에서는 인간-AI 협업 유형 중 보조 · 확장 모델을 다룬다.
이 모델에서 AI는 해석학적 순환을 촉진하는 전이적 장치로 기능한다. AI가 제안하는 요약이나 대안적 범주 구조는 연구자의 선이해를 흔들고, 해석의 지평을 이동시킨다.
그러나 이 이동을 의미 있는 이해로 전환하는 것은 여전히 연구자의 몫이다.

AI와 인재 채용?

보조·확장 모델의 등장 배경

병렬 · 삼각 검증 모델이 인간 해석의 자율성과 책임을 보존하는 데 초점을 두었다면, 보조 · 확장 모델은 한 단계 더 나아가 AI의 분석 역량을 인간 연구자의 사유 과정 안으로 적극적으로 통합한다. 이 모델의 등장은 단순한 기술이 진보되어 나타난 결과가 아니다. 대규모 질적 자료의 증가, 다층적 분석 요구의 확대, 그리고 연구자의 시간 및 자원 제약이라는 구조적 조건이 맞물리며 나타난 방법론적 응답이다(황윤아 · 김영순, 2025).

보조 · 확장 모델의 핵심 문제의식은 다음과 같다. 'AI가 해석의 주체가 될 수는 없지만, 연구자의 해석 역량을 실질적으로 확장하는 보조자로 기능할 수는 있는가?' 이 질문은 AI의 역할을 제한적으로 규정하면서도, 병렬 모델보다 더 깊은 협업을 허용한다. 즉, 이 모델은 AI를 '비교 대상'이 아니라 사유를 촉발하고 정교화하는 도구적 파트너로 위치시킨다.

보조 · 확장 모델은 하나의 단일한 방식이 아니라 보조(support)와 확장(augmentation)이라는 두 하위 개념의 연속선상에 위치한다. 보조는 연구자의 기존 분석을 효율화하거나 정제하는 역할을 의미하며, 확장은 연구자가 단독으로는 수행하기 어려운 분석 범위를 가능하게 하는 역할을 의미한다.

보조의 대표적 예는 전사 내용을 정제하고, 1차 코드 후보를 생성하며, 요약, 패턴 탐색 등에 기여한다. 이 단계에서 AI는 연구자의 분석을 대신하지 않으며, 연구자의 판단 이전에 재료를 준비하는 역할을 수행한다. 반면 확장은 코드 간 관계를 탐색하고, 범주 구조를 시뮬레이션 해 주며, 대안적 주제를 제안한다. 이와 같이 AI의 수행은 연구자의 사유 범위를 넓혀 준다. 그런데 중요한 점은 보조와 확장이 해석의 주체 이동을 의미하지 않는다는 것이다. 두 경우 모두 최종적으로 판단하고 설명하는 데 책임 지닌 것은 인간 연구자의 몫이다. 차이는 단지 AI가 개입하는 깊이와 시점에 있다.

보조 · 확장 모델의 이론적 토대 중 하나는 분산 인지 이론이다. 허친스(Hutchins, 1995)는 인지를 개인의 머릿속 과정으로 한정하지 않고, 도구와 환경에 분산된 활동으로 이해한다. 이 관점에서 연구자의 인지 과정은 노트, 소프트웨어, 개념도, 그리고 AI와 같은 도구들과 함께 구성된다. 이러한 관점은 AI를 연구자의 인지를 '대체'하는 존재가 아니라 인지적 작업을 외재화하고 재조직하는 매개체로 이해하게 한다. 보조 · 확장 모델에서 AI는 연구자의 판단을 대신하지 않지만, 인간 연구자가 특정한 판단에 이르는 경로를 풍부하게 만든다. 이는 인지의 위임이 아니라 인지의 재배치다.

질적 연구의 핵심은 해석이다. 해석학적 전통에서 이해는 단번에 도달되는 결과가 아니라 질문과 응답의 순환 과정이다. 가다머(Gadamer, 1986)의 해석학에 따르면, 이해는 선이해와 새로운 해석이 충돌하며 갱신되는 과정에서 형성된다. 보조 · 확장 모델에서 AI는 이 해석학적 순환을 촉진하는 전이적 장치로 기능한다. AI가 제안하는 요약이나 대안적 범주 구조는 연구자의 선이해를 흔들고, 해석의 지평을 이동시킨다. 그러나 이 이동을 의미 있는 이해로 전환하는 것은 여전히 연구자의 몫이다. AI는 질문을 던질 수는 있지만, 답을 책임질 수는 없다.

보조·확장 모델의 실제 작동 구조

보조 · 확장 모델은 일반적으로 다음과 같은 구조로 작동한다. 첫째, 연구자는 연구 질문과 이론적 틀을 명확히 설정한다. 이는 AI 활용 이전에 반드시 수행되어야 할 단계다. 둘째, AI는 자료 정제, 요약, 초기 코드 제안 등 전처리 및 탐색 단계에 개입한다. 셋째, 연구자는 AI의 산출물을 검토 · 선별하며 자신의 분석을 발전시킨다.

넷째, 필요에 따라 AI를 다시 호출하여 대안적 구조나 관계를 탐색한다. 이 과정에서 중요한 것은 반복적 상호작용이다. AI의 개입은 일회적 사용이 아니라 연구자의 판단과 함께 순환적으로 이루어진다. 그러나 이 순환의 중심에는 항상 인간 연구자의 질문이 존재한다(김영순 외, 2025).

보조 · 확장 모델은 질적 분석의 여러 단계에 서로 다른 방식으로 적용될 수 있다. 코딩 단계에서 AI는 코드 후보를 제안하거나, 코드 정의의 일관성을 점검하는 역할을 수행할 수 있다. 이때 연구자는 코드의 채택 여부와 의미 정의를 명확히 설명해야 한다.

범주화 단계에서 AI는 코드 간 관계를 시각화하거나, 다양한 범주 구조를 시뮬레이션할 수 있다. 이는 연구자가 특정 구조에 과도하게 고착되는 것을 방지하는 데 도움을 준다. 주제화 단계에서는 AI가 주제 제목이나 요약 문장을 제안할 수 있으나, 주제의 이론적 중요성과 연구 질문과의 연결은 연구자가 판단한다.

보조 · 확장 모델의 가장 큰 강점은 분석 가능성의 실질적 확장이다. 대규모 자료를 다층적으로 검토하고, 다양한 대안적 해석을 탐색하는 작업은 인간 연구자에게 큰 부담이 된다. AI는 이 부담을 줄이면서도, 연구자의 사유를 단순화하지 않는다. 또한 이 모델은 탐색적 연구와 이론 생성 연구에서 특히 유용하다. AI가 제안하는 예상 밖의 패턴은 연구자가 기존 이론적 틀을 재검토하게 만들며 새로운 개념화를 촉진할 수 있다.

그러나 보조 · 확장 모델은 병렬 · 삼각 검증 모델보다 더 큰 위험을 내포한다. 가장 큰 위험은 판단의 희석이다. AI의 제안이 반복될수록, 연구자는 자신의 해석과 AI의 산출물을 구분하지 못할 위험에 직면한다. 또한 분석 과정이 과도하게 확장될 경우, 연구 질문의 초점이 흐려질 수 있다. 가능한 모든 해석을 탐색하는 것은 반드시 좋은 연구로 이어지는 것은 아니다. 이 지점에서 연구자는 중단과 선택의 기준을 명확히 해야 한다.

보조 · 확장 모델을 사용한 연구는 연구 방법을 서술할 때보다 상세한 설명을 요구한다. 연구자는 AI가 어느 단계에서, 어떤 기능으로 개입했는지를 구체적으로 서술해야 한다. 또한 AI의 산출물 중 무엇을 채택했고 무엇을 배제했는지에 대한 기준을 제시해야 한다. 이러한 서술은 연구의 신뢰성을 약화시키는 것이 아니라 오히려 강화하게 한다. 다시 말해 AI의 개입을 투명하게 드러낼수록 연구자의 판단과 책임 구조는 더 분명해진다.

이 모델은 특히 다음과 같은 연구 맥락에 적합하다.

첫째, 대규모 질적 자료를 다루는 연구. 둘째, 이론 생성이나 개념 확장이 목표인 연구. 셋째, 연구자가 충분한 질적 분석 경험을 갖추고 AI의 제안을 비판적으로 검토할 수 있는 경우다. 반면, 연구 경험이 제한적이거나 분석 기준이 명확하지 않은 경우에는 이 모델이 오히려 연구의 일관성을 해칠 수 있다. 이 경우 병렬 · 삼각 검증 모델이 더 적합할 수 있다.

이 장은 인간-AI 협업 유형 중 보조 · 확장 모델을 이론적, 방법론적으로 설명하였다. 이 모델은 AI를 해석의 주체로 승인하지 않으면서도, 연구자의 분석 역량을 실질적으로 확장한다. 이는 병렬 · 삼각 검증 모델과 공동해석 모델 사이의 중간 단계적 위치를 차지한다.

참고문헌

김영순 외(2025). "질적 연구물 연구 방법 영역의 인간-AI 협업 과정에 관한 문헌사례연구". 《다문화와 교육》, 10(4), 1~25쪽.

황윤아·김영순(2025). "인문사회과학 분야의 AI활용 질적 연구에 대한 질적메타분석: 해외연구를 중심으로". 《인문사회과학연구》, 26(4), 295~332쪽.

Gadamer, H.-G.(1986). *Hermeneutik I. Wahrheit und Methode: Grundzüge einer philosophischen Hermeneutik*. In Gesammelte Werke Bd.1. Tübingen.

Hutchins, E.(1995). *Cognition in the wild.* MIT Press.

09

인간-AI 협업 유형 III: 공동 해석·생성 모델

이 장에서는 인간-AI 협업 유형 중 공동 해석 · 생성 모델을 기술한다.
이 모델에서 AI는 단순 요약이나 정리에 머무르지 않는다. AI는 코드의 재개념화, 범주의 재배열, 이론적 개념 간의 연결, 심지어 분석 서사의 구조 제안에까지 관여할 수 있다.
이는 연구자의 사유를 확장하는 강력한 자원이 된다.

AI와 기자?

공동 해석·생성 모델의 문제 제기

앞선 7장과 8장에서 다룬 병렬 · 삼각 검증 모델과 보조 · 확장 모델은 공통적으로 하나의 원칙을 유지했다. 이는 해석의 최종 결정권과 설명 책임이 인간 연구자에게 귀속된다는 원칙이다. 공동 해석 · 생성 모델은 이 원칙을 부정하지 않으면서도, AI의 역할을 한층 더 전면으로 끌어올린다. 이 모델에서 AI는 더 이상 외부 비교 기준이나 분석 보조자에 머무르지 않고, 해석과 의미 생성의 과정에 적극적으로 개입하는 협업 파트너로 위치한다(김영순 외, 2025).

이 지점에서 공동 해석 · 생성 모델은 질적 연구자에게 가장 불편한 질문을 던진다. 의미는 인간 연구자만의 산물인가, 아니면 인간과 비인간 행위자의 상호작용 속에서 생성될 수 있는가. 이 질문은 기술 활용의 문제가 아니라 질적 연구의 존재론과 인식론을 다시 묻는 질문이다(Denzin & Lincoln, 2018).

공동 해석 · 생성 모델에서 '공동'이란 역할 분담이나 병렬 작업을 의미하지 않는다. 그것은 상호 의존적 의미 구성을 의미한다. 인간 연구자의 질문과 판단이 AI의 산출을 형성하고, AI의 산출이 다시 연구자의 해석을 흔드는 순환 구조가 형성될 때, 해석은 공동으로 생성된다.

'생성' 역시 단순한 텍스트 생산을 뜻하지 않는다. 생성은 기존 자료와 이론의 재조합을 넘어 새로운 개념적 연결과 설명 틀을 만들어 내는 과정을 의미한다. 공동 해석·생성 모델에서 AI는 이 생성 과정에 실질적으로 참여하며, 때로는 연구자가 예상하지 못한 개념을 제안하는 듯 연구의 도약을 촉발하기도 한다.

공동 해석·생성 모델의 중요한 이론적 토대는 해석학, 특히 대화적 이해(dialogical understanding)의 전통이다. 가다머(Gadamer, 2004)에 따르면 이해는 주체가 객체를 일방적으로 파악하는 행위가 아니라 질문과 응답의 대화 속에서 형성된다. 이 대화는 인간 간에만 국한되지 않는다. 텍스트, 전통, 개념 역시 대화의 상대가 된다.

이 관점에서 AI는 새로운 대화 상대가 된다. AI의 응답은 연구자의 선이해를 확인하거나 교란하며, 이해의 지평을 이동시킨다. 중요한 것은 AI가 어떻게 이해의 주체가 되는가가 아니라, 이해가 어떤 방법으로 대화 과정으로 드러나는가다. 공동 해석·생성 모델은 해석을 결과가 아니라 과정으로 가시화한다는 점에서 해석학적 전통과 깊이 연결된다.

공동 해석·생성 모델은 신유물론과 관계적 존재론의 영향을 강하게 받는다. 바라드(Barad, 2007)는 지식 생산을 주체와 객체의 상호작용이 아니라 얽힘 속에서 발생하는 사건으로 이해한다. 이 관점에서 연구자, 참여자, 자료, 이론, 그리고 AI는 분리된 요소가 아니라 연구라는 사건을 구성하는 얽힌 존재들이다.

이러한 관점은 공동 해석 · 생성 모델을 정당화하는 동시에 더 높은 설명 책임을 요구한다. 얽힘 속에서 생성된 지식일수록, 연구자는 그 얽힘이 어떻게 구성되었는지를 상세히 설명해야 한다. AI가 어디에서, 어떤 방식으로, 어떤 판단에 영향을 미쳤는지가 드러나지 않는다면, 공동 생성은 방법론적 정당성을 확보할 수 없다.

공동 해석·생성 모델의 작동 구조

공동 해석 · 생성 모델은 일반적으로 순환적 대화 구조를 따른다. 연구자는 자료와 이론을 바탕으로 질문을 구성하고, AI는 이에 대해 요약, 재구성, 개념화, 대안적 설명을 제시한다. 연구자는 이 산출을 검토 · 수정하며 새로운 질문을 생성하고 다시 AI와 대화한다.

이 과정에서 중요한 것은 질문의 주도권이다. 질문을 누가 설정하는가에 따라 협업의 성격은 완전히 달라진다. 공동 해석 · 생성 모델이 방법론적으로 정당화되기 위해서는, 질문의 설정과 전환이 인간 연구자의 판단에 의해 이루어져야 한다. 질문의 주도권이 AI로 넘어가는 순간, 연구자는 해석의 주체성을 상실할 위험에 직면한다.

공동 해석·생성 모델에서 AI는 단순 요약이나 정리에 머무르지 않는다. AI는 코드의 재개념화, 범주의 재배열, 이론적 개념 간의 연결, 심지어 분석 서사의 구조 제안에까지 관여할 수 있다. 이는 연구자의 사유를 확장하는 강력한 자원이 된다. 그러나 생성의 범위가 확장될수록, 연구자는 더 명확한 경계를 설정해야 한다. 예컨대 AI가 제안한 개념을 그대로 채택하는 것과 그것을 연구자의 언어로 재공식화하는 것은 전혀 다른 방법론적 행위다. 전자는 생성의 위임에 가깝고 후자는 생성의 협업에 가깝다(정정훈 외, 2026).

공동 해석·생성 모델의 가장 큰 강점은 창의적 해석과 이론적 도약의 가능성이다. AI는 연구자가 익숙한 이론적 경로를 벗어난 연결을 제안함으로써, 기존 분석의 한계를 드러낸다. 이는 특히 이론 생성 연구나 탐색적 연구에서 큰 장점으로 작용한다(Charmaz, 2014).

또한 이 모델은 연구자의 성찰 역량과 성찰 과정을 동시에 극대화한다. 연구자는 자신의 해석이 AI의 제안에 의해 어떻게 변화했는지를 지속적으로 성찰해야 하며, 이는 해석의 투명성을 높인다.

공동 해석 · 생성 모델은 동시에 가장 큰 윤리적 위험을 내포한다. 가장 중요한 쟁점은 저자 고유성이다. AI가 생성한 개념과 문장이 연구 결과에 포함될 때, 그것은 누구의 사유인가. 질적 연구에서 저자 고유성은 단순한 명의 문제가 아니라 책임의 문제다. 또한 AI 산출물의 무비판적 수용은 표절이나 데이터 왜곡의 위험을 낳을 수 있다. AI는 훈련 데이터에 포함된 언어적 편향과 오류를 그대로 재생산할 수 있기 때문이다. 따라서 공동 해석 · 생성 모델에서는 AI 산출물의 검증과 재서술이 필수적이다(Lincoln & Guba, 1985).

공동 해석 · 생성 모델을 사용하는 인간-AI 협업 질적 연구는 연구 방법을 기술하는 부분에서 가장 높은 수준의 서술 투명성을 요구한다. 연구자는 AI와의 상호작용 방식, 질문의 변화 과정, 채택 · 배제의 기준을 구체적으로 기술해야 한다. 단순히 'AI를 활용하였다'는 서술은 이 모델에서는 방법론적 결함으로 간주될 수 있다. 이러한 상세 서술은 연구의 약점이 아니라 연구자의 성찰적 태도를 보여 주는 핵심 증거다(Creswell & Poth, 2018).

이 모델은 모든 연구에 적합하지 않다. 공동 해석 · 생성 모델은 다음과 같은 조건에서만 정당화될 수 있다. 첫째, 연구자가 질적 연구와 이론에 대한 충분한 숙련도를 갖추고 있을 것. 둘째, 연구 목적이 이론 생성이나 개념 확장에 있을 것. 셋째, 연구 방법 서술에서 높은 수준의 투명성과 성찰을 감수할 준비가 되어 있을 것. 반대로 정책 평가나 결과 재현성이 중시되는 연구에서는 이 모델이 부적합할 수 있다.

이 장은 인간-AI 협업 유형 중 가장 도전적인 공동 해석 · 생성 모델을 이론적 · 방법론적으로 검토하였다. 이 모델은 AI를 해석의 주체로 인정하지 않으면서도, 의미 생성의 과정에 적극적으로 참여시키는 방식이다. 이 모델은 질적 연구의 경계를 확장하는 동시에, 연구자에게 가장 큰 책임을 요구한다.

참고문헌

김영순 외(2025). "질적 연구물 연구 방법 영역의 인간-AI 협업 과정에 관한 문헌사례연구". 《다문화와 교육》, 10(4), 1~25쪽.

정정훈 외(2026). "질적 연구 전사자료 코딩에서 인간-AI 협업 과정 탐색: 결혼이주여성 자립 경험 전사자료 사례를 중심으로". 《문화교류와 다문화교육》, 15(1), 29~57쪽.

Barad, K.(2007). *Meeting the universe halfway: Quantum physics and the entanglement of matter and meaning.* Duke University Press.

Charmaz, K.(2014). *Constructing grounded theory (2nd ed.).* Sage.

Creswell, J. W. & Poth, C. N.(2018). *Qualitative inquiry and research design: Choosing among five approaches (4th ed.).* Sage.

Denzin, N. K. & Lincoln, Y. S.(2018). *The SAGE handbook of qualitative research (5th ed.).* Sage.

Gadamer, H.-G.(2004). *Truth and method (2nd rev. ed.).* Continuum.

Lincoln, Y. S. & Guba, E. G.(1985). *Naturalistic inquiry.* Sage.

10
연구 목적별 인간-AI 협업 전략

이 장에서는 연구 목적별 인간-AI 협업 전략을 모색한다.
이 협업 유형 선택은 연구의 전 과정에 걸쳐 고정될 필요는 없다. 많은 연구에서 협업 전략은 연구 단계에 따라 선택의 이동이 이루어진다. 중요한 것은 이러한 이동이 방법론적으로 설명되어야 한다는 점이다.

AI와 미래 의사?

협업과 선택의 조응

앞선 장들에서 제시한 병렬 · 삼각 검증 모델, 보조 · 확장 모델, 공동 해석 · 생성 모델은 각각 고유한 이론적 정당성과 방법론적 함의를 지닌다. 그러나 실제 연구 현장에서 연구자는 종종 다음과 같은 질문 앞에서 멈추거나 망설인다. '이 연구에서는 어떤 협업 모델이 가장 적절한가.' 이 질문은 단순한 기술 선택의 문제가 아니라 연구 목적과 책임 구조를 어떻게 연결할 것인가라는 방법론적 판단의 문제다.

질적 연구에서 방법 선택은 언제나 연구 질문과 연구 목적에 달려 있다(Creswell & Poth, 2018). 인간-AI 협업 역시 예외가 아니다. 이 장의 목적은 협업 유형을 우열화하거나 정답을 제시하는 데 있지 않다. 대신 연구자가 자신의 연구 목적에 비추어 가장 설득력 있는 협업 전략을 선택하고, 그 선택을 설명할 수 있도록 돕는 기준들을 제시하는 데 있다. 연구 목적별 협업 전략을 논의하기에 앞서 모든 선택에 공통적으로 적용되는 세 가지 기본 원칙을 명시할 필요가 있다.

첫째, 연구 목적 우선의 원칙이다. 인간-AI 협업 방식은 연구 목적을 달성하기 위한 수단이지 그 자체가 목적이 될 수 없다. AI 활용의 범위와 깊이는 연구 질문이 요구하는 분석 수준에 의해 제한되어야 한다(Denzin & Lincoln, 2018).

둘째, 책임 보존의 원칙이다. 협업의 확장은 책임의 분산을 의미하지 않는다. AI의 개입이 깊어질수록 연구자는 더 높은 수준의 설명 책임을 감수해야 하며, 이는 연구 방법 서술을 통해 명시되어야 한다(Lincoln & Guba, 1985).

셋째, 투명성 비례의 원칙이다. AI가 분석 과정에 더 깊이 개입할수록, 연구자는 더 상세한 방법론적 설명을 제공해야 한다. 이는 연구의 약점이 아니라 질적 연구의 신뢰성을 구성하는 핵심 요소다(Braun & Clarke, 2021).

연구 목적별 협업 유형

기술적(descriptive) 질적 연구는 특정 현상이나 경험을 체계적으로 기술하고 정리하는 데 목적을 둔다. 이 유형의 연구에서는 해석의 과도한 확장보다 자료 충실성과 설명의 명료성이 중요하게 요구된다(김영순 외, 2026). 이러한 연구 목적에는 병렬·삼각 검증 모델이 가장 적합하다. 인간 연구자는 전통적인 분석 절차를 수행하고, AI는 병렬 분석을 통해 해석의 누락이나 과도한 일반화를 점검하는 역할을 수행한다. 이때 AI는 해석의 파트너가 아니라 검증 장치의 위치를 점한다. 보조 · 확장 모델 역시 제한적으로 활용될 수 있으나, 그 범위는 전사의 정제나 내용 요약 등 보조적 기능에 국한되는 것이 바람직하다. 공동 해석 · 생성 모델은 이 연구 목적에는 일반적으로 부적합하다.

탐색적 연구는 아직 충분히 개념화되지 않은 현상을 이해하고, 잠재적 패턴과 범주를 발견하는 데 목적을 둔다. 이 경우 연구자는 초기 가설이나 이론 틀을 유연하게 유지하며 다양한 해석 가능성을 탐색한다(김영순, 2022). 이러한 목적에는 보조 · 확장 모델이 특히 유용하다. AI는 대규모 자료에서 반복되는 패턴을 탐색하고, 연구자가 예상하지 못한 연결을 제안함으로써 탐색 범위를 실질적으로 확장한다(Saldaña, 2016). 연구자는 AI의 제안을 비판적으로 검토하며, 자신의 분석을 정교화한다. 이 단계에서 병렬 · 삼각 검증 모델은 보조적 역할을 할 수 있으나, 탐색 단계에서는 지나친 제약으로 작동할 수 있다. 공동 해석 · 생성 모델은 제한적 조건 하에서 가능하나 연구자의 경험과 성찰 역량이 충분히 확보되어야 한다.

이론 생성 연구는 질적 연구의 가장 높은 분석 수준을 요구한다. 이 연구 목적에서 핵심은 단순한 주제 도출이 아니라 개념 간 관계를 설명하는 이론적 구조를 구성하는 것이다(Charmaz, 2014). 이 경우 보조 · 확장 모델과 공동 해석 · 생성 모델의 결합 전략이 가능하다. 초기 단계에서는 보조 · 확장 모델을 통해 개념 후보와 관계 구조를 탐색하고, 이후 단계에서는 공동 해석 · 생성 모델을 통해 이론적 도약을 시도할 수 있다. 다만 이 경우 연구자는 AI의 생성 결과를 그대로 채택해서는 안 된다. AI의 제안은 이론적 사유를 촉발하는 자원이지, 이론 그 자체가 아니다. 이 점을 연구 방법과 논의 장에서 명확히 서술해야 한다.

정책 연구나 실천 지향 연구는 결과의 설명 가능성과 책임성이 특히 강조된다. 연구 결과는 실제 의사 결정과 개입에 영향을 미칠 수 있기 때문에, 해석의 자의성은 엄격히 통제되어야 한다. 이러한 연구 목적에는 병렬 · 삼각 검증 모델이 기본 전략으로 권장된다(정정훈 외, 2026). AI는 인간 연구자의 해석을 검증하고, 대안적 해석 가능성을 제시하는 역할을 수행한다. 보조 · 확장 모델은 분석 효율성을 높이는 범위에서 제한적으로 활용될 수 있다. 공동 해석 · 생성 모델은 정책 연구에서는 신중하게 접근해야 하며, 사용 시에는 매우 상세한 방법론적 설명과 윤리적 검토가 필수적이다(Creswell & Poth, 2018).

비판적 질적 연구나 탈식민주의 기반 연구는 권력, 지식 생산, 연구자의 위치성을 핵심 문제로 다룬다. 이 연구 목적에서는 해석의 정치성이 명시적으로 논의되어야 한다. 이러한 연구에서는 병렬·삼각 검증 모델과 보조·확장 모델이 혼합적으로 사용될 수 있다. AI의 분석은 연구자의 전제를 드러내는 거울로 기능할 수 있으나, 동시에 AI 자체가 특정한 지식 권력과 편향을 내포하고 있음을 성찰해야 한다(백우인·김영순 외, 2026). 공동해석·생성 모델은 이론적으로 매력적일 수 있으나, AI의 훈련 데이터와 알고리즘이 가진 권력 효과를 충분히 비판적으로 검토하지 않는 한, 오히려 연구의 비판성을 약화시킬 위험이 있다(Barad, 2007).

연구 단계별 협업 전략의 조합

연구 목적별 선택은 연구 전 과정에 걸쳐 고정될 필요는 없다. 많은 연구에서 협업 전략은 연구 단계에 따라 선택의 이동이 이루어진다. 예컨대 자료 탐색 단계에서는 보조·확장 모델을, 해석 정교화 단계에서는 병렬·삼각 검증 모델을 선택할 수 있다.

중요한 것은 이러한 이동이 방법론적으로 설명되어야 한다는 점이다. '초기에는 AI를 활용하여 패턴을 탐색하였고, 최종 해석 단계에서는 AI 분석과의 삼각 검증을 통해 해석의 타당성을 점검하였다'와 같은 서술은 연구자의 판단 과정을 명확히 드러낸다(Braun & Clarke, 2021). 좀 더 구체적으로 실제 인간-AI 협업 질적 연구물에 나타난 연구 단계별 협업 전략 기술 내용을 살펴보면 다음과 같다.

> "본 연구에서 AI는 코딩과 서사 구성의 초기 단계를 보조하는 역할을 수행하였으며, 인간 연구자는 AI의 산출물을 검토하고 수정하고 재해석함으로써 최종 해석을 완성하는 방식으로 협업하였다. 협업에 따른 분석 과정은 다음과 같은 절차로 이루어졌다. 우선, 전사록을 의미 단위별로 정리하여 에피소드 단위(예: 결혼과 이주, 갈등의 심화, 이혼 결정, 생존 전략, 자녀 양육, 관계망 재구성)로 구조화하였다. 이후 AI에게 "가정 해체와 자립 과정에서 중요한 사건을 문장과 문단 단위로 분절하고, 각 사건에 간단한 코드명을 부여하라"는 프롬프트를 제공하여 1차 코딩 결과를 산출하였다. 이때 생성된 코드는 사건 목록과 간단한 맥락 설명을 포함하였다. 그러나 AI의 코딩 결과는 문화적 맥락의 오해, 정서적 흐름의 생략, 의미 단위의 과도한 단순화 등의 문제가 있었기 때문에, 인간 연구자는 이를 전사 원문과 비교하여 수

정 보완하였다. 정서적 표현의 재주입, 관계적 맥락의 회복, 사건 간 인과관계의 조정 등은 인간 연구자의 해석을 통해 이루어졌다. 이를 통해 각 사례에 대한 사례별 사건 목록과 정제된 코드 체계가 완성되었다.

다음 단계에서는 AI에게 정제된 사건 목록을 제공하고, 이를 기반으로 사례의 내러티브 초안을 생성하도록 요청하였다. AI는 사건을 시작-전환-위기-대처-재구성 단계로 구조화하여 서사 초안을 작성하였으며, 일부 사례는 생존 중심 서사, 일부는 모성 중심 서사 등 유형별 경향을 제시하였다. 그러나 AI는 정교한 정서 묘사나 맥락 특유의 의미를 충분히 반영하지 못하는 경향이 있어, 인간 연구자는 AI 초안을 참고하되 전사록의 흐름을 다시 재구성하여 사례별 내러티브를 작성하였다.

사례 간 비교 분석 단계에서도 AI는 군집화(cluster) 기능을 통해 유사한 서사 유형을 제안하는 데 활용되었다. 예컨대 "체류권 중심 투쟁 서사", "자녀 양육 중심 서사", "관계망 재구성 서사" 등으로 구분할 수 있었다. 인간 연구자는 이 AI 제안 결과를 참고하며, 사례들의 배경 차이, 구조적 조건, 정서적 흐름 등을 종합하여 최종적인 사례 간 메타 내러티브를 도출하였다"(백우인 외, 2026).

이와 같은 협업 전략과 협업 절차의 기술은 다음과 같은 질문을 통해 점검될 수 있다. '이 연구의 핵심 목적은 무엇인가', '해석의 확장과 검증 중 무엇이 더 중요한가', 'AI의 개입이 연구 결과에 어떤 영향을 미쳤는가', '그 영향은 연구 방법 장에서 설명 가능한가'. 연구자는 이 질문들에 답할 수 있을 때, 인간-AI 협업 전략은 정당화될 수 있다.

이 장은 연구 목적별로 적합한 인간-AI 질적 연구 협업 전략을 제시하였다. 이 전략의 설명은 규범적 지침이 아니라 설명 가능한 선택을 가능하게 하는 방법론적 틀이다. 질적 연구에서 중요한 것은 '어떤 AI를 썼는가'가 아니라 '왜 그 방식의 협업을 선택했는가'다.

참고문헌

김영순(2022). 《질적 연구와 문화기술지의 이해》. 패러다임북.

김영순 외(2026). 《질적 연구자-되기와 자문화기술지》. 패러다임북.

백우인 외(2026). "가정해체 결혼이주여성의 자립경험에 관한 인간-AI 협업기반 질적메타합성 연구". 《문화교류와 다문화교육》, 15(1), 59~91쪽.

정정훈 외(2026). "질적 연구 전사자료 코딩에서 인간-AI 협업 과정 탐색: 결혼이주여성 자립 경험 전사자료 사례를 중심으로". 《문화교류와 다문화교육》, 15(1), 29~57쪽.

Barad, K.(2007). *Meeting the universe halfway: Quantum physics and the entanglement of matter and meaning.* Duke University Press.

Braun, V. & Clarke, V.(2021). *Thematic analysis: A practical guide.* Sage.

Charmaz, K.(2014). *Constructing grounded theory (2nd ed.).* Sage.

Creswell, J. W. & Poth, C. N.(2018). *Qualitative inquiry and research design: Choosing among five approaches (4th ed.).* Sage.

Denzin, N. K. & Lincoln, Y. S.(2018). *The SAGE handbook of qualitative research (5th ed.).* Sage.

Lincoln, Y. S. & Guba, E. G.(1985). *Naturalistic inquiry.* Sage.

Saldaña, J.(2016). *The coding manual for qualitative researchers (3rd ed.).* Sage.

김영순

인하대학교 사범대학 사회교육과와 대학원 다문화교육학과 교수다. 독일 베를린자유대학교에서 문화변동에 관한 연구로 철학박사 학위를 취득했다. 인하대학교 부설 다문화융합연구소 소장, 다문화멘토링사업단 단장직을 수행하고 있다. 학문 후속 세대를 위해 전국의 대학원생을 대상으로 질적 연구 방법론 캠프와 질적 연구자 수련 과정인 '큐알슐레'의 교장을 맡고 있다. 질적 연구 방법론에 관한 주요 저서로는 《질적 연구의 즐거움》(2018), 《문화기술지와 질적 연구의 이해》(2022), 《이야기의 사회과학: 생애사와 내러티브 연구》(2023), 《공존의 사회학》(2024), 《질적 연구자-되기와 자문화기술지》(2025), 《공존의 별자리: 다문화사회의 시민윤리》(2025) 등이 있다.